OS 10 MANDAMENTOS DA PROPAGANDA

A Editora Cultrix e o grupo Meio & Mensagem se uniram para publicar o que há de melhor e mais destacado na área de *business*. Trata-se de livros dirigidos a profissionais de comunicação e marketing, assim como a executivos e estudantes de visão, que sabem da importância de se conhecer novos caminhos no mundo dos negócios e conquistar a excelência pessoal e profissional.

Extremamente criativas e inovadoras, essas obras apresentam ao leitor os desafios e oportunidades do campo empresarial, na ótica de seus maiores líderes. Alguns dos nossos autores dirigem seu próprio negócio e outros chegaram ao ponto mais alto de suas carreiras em grandes multinacionais. Mas todos, sem exceção, contam o que aprenderam em sua jornada profissional, levados pelo simples desejo de dividir com o leitor a sabedoria e experiência que adquiriram.

Esperamos que você, leitor, ciente de que vive num mundo cada vez mais exigente, ache essas obras tão inspiradoras e úteis quanto nós, da Editora Cultrix e do grupo Meio & Mensagem.

 meio&mensagem

Bob Garfield

OS 10 MANDAMENTOS DA PROPAGANDA

CONSIDERAÇÕES MORDAZES DO MAIS INFLUENTE CRÍTICO MUNDIAL

Tradução
Luiz A. de Araújo

EDITORA CULTRIX
São Paulo

Título original: *And Now a Few Words From Me.*

Copyright © 2003 Crain Communications, Inc.

Todos os direitos reservados. Nenhuma parte deste livro pode ser reproduzida ou usada de qualquer forma ou por qualquer meio, eletrônico ou mecânico, inclusive fotocópias, gravações ou sistema de armazenamento em banco de dados, sem permissão por escrito, exceto nos casos de trechos curtos citados em resenhas críticas ou artigos de revistas.

A Editora Pensamento-Cultrix Ltda. não se responsabiliza por eventuais mudanças ocorridas nos endereços convencionais ou eletrônicos citados neste livro.

"Into the Valley", letra e música de Richard Jobson e William Stuart Adamson. Copyright © 1980 Virgin Music Ltd. Usado com permissão.

Deadly Persuasion: Why Women and Girls Must Fight the Addictive Power of Advertising, de Jean Kilbourn. Copyright © 1999 Jean Kilbourn. Reproduzido com a permissão da The Free Press, com o selo do Simon & Schuster Trade Publishing Group.

Dados Internacionais de Catalogação na Publicação (CIP)
(Câmara Brasileira do Livro, SP, Brasil)

Garfield, Bob
Os 10 mandamentos da propaganda : considerações mordazes do mais influente crítico mundial / Bob Garfield; tradução Luiz A. de Araújo. -- São Paulo : Cultrix, 2006.

Título original: And now a few words from me
    Bibliografia.
    ISBN 978-85-316-0958-9

1. Marketing 2. Propaganda I. Título.
06-6967   CDD-659.1

Índices para catálogo sistemático:
1. Propaganda : Administração 659.1

O primeiro número à esquerda indica a edição, ou reedição, desta obra. A primeira dezena à direita indica o ano em que esta edição, ou reedição, foi publicada.

Edição	Ano
1-2-3-4-5-6-7-8-9-10-11	07-08-09-10-11-12-13-14

Direitos de tradução para a língua portuguesa
adquiridos com exclusividade pela
EDITORA PENSAMENTO-CULTRIX LTDA.
Rua Dr. Mário Vicente, 368 — 04270-000 — São Paulo, SP
Fone: 6166-9000 — Fax: 6166-9008
E-mail: pensamento@cultrix.com.br
http://www.pensamento-cultrix.com.br
que se reserva a propriedade literária desta tradução.

**Para as minhas filhas Katie,
Allie e Ida Rose**

SUMÁRIO

INTRODUÇÃO **Os dez mandamentos da propaganda, que me foram entregues por Deus** 9

CAPÍTULO 1 **As regras são feitas para ser cumpridas** 21

CAPÍTULO 2 **O pecado original** 39

CAPÍTULO 3 **A propósito de algo** 53

CAPÍTULO 4 **Faça ginástica regularmente e trate de reduzir o sexo** 77

CAPÍTULO 5 **Ogilvy errou** 99

CAPÍTULO 6 **Fique à vontade** 115

CAPÍTULO 7 **Você está condenado? Faça este teste simples!** 137

CAPÍTULO 8 **Segure o tratante, por favor** 153

CAPÍTULO 9 **A bênção, Garfield, que eu fiz uma burrada federal** 173

CAPÍTULO 10 **Ide, meu filho, fazei propaganda** 189

Posfácio 198

INTRODUÇÃO

Os dez mandamentos da propaganda, que me foram entregues por Deus

Tudo bem, pode ser que não tenha sido por Deus em pessoa. Mesmo porque, no momento, o Rei dos reis anda ocupadíssimo em criar luz e vida no Universo, em derramar amor infinito, em inventar novas maneiras de afogar os bangladeshianos, em ouvir as preces desesperadas dos torcedores de futebol e dos que estão de ressaca. Embora Ele seja todo-poderoso e assombrosamente versátil, ninguém chega a Ser Supremo sem saber delegar.

É aí que eu entro.

Na falta de tábuas de pedra ou de orientação espiritual explícita para promover corretamente produtos e serviços via mídia, Deus encarregou certos servos, na Terra, de codificar aquilo que, com toda certeza, seriam os Seus mandamentos, caso o marketing tivesse um pouco mais de importância na agenda celestial. É uma responsabilidade enorme, a qual me cabe o orgulho e a humildade de assumir.

Aliás, se não fosse eu, quem haveria de ser?

Há mais de trinta anos uso a minha coluna, primeiro no *USA Today* e desde 1985 na *Advertising Age*, para avaliar, desconstruir, explicar, interpretar, criticar e – com mais freqüência do que você imagina – elogiar a propaganda do mundo todo. Na propaganda, eu examino a estratégia, a pertinência, os valores de produção, a originalidade, o engenho de comunicação, o humor, a narrativa, a emoção, a psicologia, a cinematografia, a música, a composição da fotografia, a edição, a direção, a iluminação, a

10 OS 10 MANDAMENTOS DA PROPAGANDA

atuação, a escrita, a tipografia, a gramática, a sinceridade, a agressividade e, como convém ao meu papel de delegado divino, a moralidade.

Essa última consideração consome muito mais tempo do que me convém, graças a uma transformação profunda na indústria no último decênio, que viu o imperativo de chamar a atenção atropelar valores antigos e caquéticos como a Regra de Ouro. Vou tratar disso mais adiante (Capítulo 6, "Fique à vontade"), mas, por ora, só quero dizer que as forças implacáveis e sub-reptícias da barbárie ameaçam a civilização publicitária. Ainda que seja só por esse motivo (mas, é claro, por muitos outros também), o presente livro vai iluminar o caminho.

Sim, meu caro, o único caminho verdadeiro.

Mas isso é digressão. Voltemos a falar sobre mim, pois você precisa saber de mais uma coisa que me qualifica para essa solene missão: eu nunca erro. Pelo menos, raramente. Em dezessete anos escrevendo a "Ad Review", com muito mais de mil anúncios submetidos ao meu implacável escrutínio, só pisei na bola onze ou doze vezes. (Pergunte-me alguma coisa sobre a UBU da Saturn e da Reebok. Por exemplo... ai!) Em termos de beisebol, é como atingir .988. Levando em conta que escrevo sobre campanhas que acabam de ser ou ainda nem foram lançadas, essa média de tentos na projeção do sucesso ou do fracasso não deixa de ser fenomenal. Aliás, sem falsa modéstia, é mais do que fenomenal: um recorde que eu atribuo a dois fatores:

Número um, na essência, a propaganda não é uma atividade complicada. Por certo é um negócio com muitas complicações, mas, fundamentalmente, toda a sua complexidade não passa disto: vender uma idéia a um consumidor potencial. Se, numa calçada de Atlantic City, um palerma aos berros consegue fazer isso com um descascador de legumes, por que as grandes cabeças do marketing não conseguiriam, já que têm à sua disposição milhões de dólares e um vastíssimo mundo midiático? No entanto, elas fracassam com enorme freqüência e por motivos que saltam à vista de qualquer panaca que se disponha a olhar para a telinha da televisão e pensar um pouco.

Segundo fator: eu não sou panaca.

Nem os profissionais de propaganda... quer dizer, nem todos. Geralmente, trata-se de gente muito inteligente – gente inteligente que faz as mesmas besteiras dia após dia. Este livro vai citar esses erros tintim por tintim, até que você esteja não só bufando de raiva como também segurando a cabeça e gemendo de incredulidade. Sim, você vai refletir sobre as burrices espantosas da tão bem remunerada elite publicitária e deixar escapar suspiros de dor. Mas por que isso? Por que uma coisa tão notória para mim, tão notória para você, é tão invisível para eles?

SVENGALIS? ISSO MESMO*

A primeira resposta é perspectiva. Eu estou convencido (com base não em informações internas, mas no testemunho dos meus próprios olhos) de que as agências, assim como os clientes, ficam de tal modo envolvidos no processo de realizar a sua visão estratégica e criativa – e romantizam e mistificam tanto o dito processo criativo – que acabam perdendo totalmente de vista o modo como o mundo exterior encara a sua produção. Miopia por imersão é o nome que ouvi darem ao fenômeno, e em nenhuma atividade ele é tão evidente quanto na propaganda. As piores propagandas com que topei na minha carreira de crítico não foram detectadas pelo meu geo-radar em vôo rasante na calada da noite; chegaram por FedEx, anexadas a *press releases* que alardeavam alguma imaginária inovação criativa. Essas verdadeiras atrocidades publicitárias – que fizeram o público de minhas palestras urrar de indignação no mundo inteiro – eram consideradas um triunfo pelos seus criadores.

Pois é. Nada mais fácil do que errar quando você se enclausura entre quatro paredes com gente da mesmíssima opinião e da mesmíssima cegueira. Nada mais fácil do que acertar quando você vê de fora.

Isso suscita outra pergunta: ora, se é tão fácil assim, por que ninguém fez isso até agora? E a resposta é: já fizeram. Há anos que aparece um bom número de colunas regulares criticando a propaganda com base nos mais diversos critérios. É claro que muitas delas são de fora do ramo, de autores que partem da idéia de que a propaganda é uma força sinistra, malévola, propensa a manipular a psique do consumidor e até a anular o seu livre-arbítrio a fim de promover a venda de produtos supérfluos que ele não quer nem necessita, e que destroem o meio ambiente e exploram os oprimidos em toda parte.

---

* Svengali, vilão do romance *Trilby de George du Maurier* (1919), um hipnotizador malvado que obriga as pessoas a praticarem os piores atos.

12   OS 10 MANDAMENTOS DA PROPAGANDA

Até parece. Até parece que a propaganda é uma indústria povoada de Svengalis onipotentes. Como se os profissionais das outras áreas fossem a bondade em pessoa. Embora tenha lá os seus excessos, a propaganda se mostrou, ao longo da história, deploravelmente incapaz de vender aquilo que as pessoas não estão interessadas em comprar por moto próprio. A triste verdade é: ao longo da história, a propaganda não se mostrou tão capaz assim de vender nem mesmo aquilo que as pessoas *querem* comprar por livre e espontânea vontade. (Oh, claro, a propaganda funciona, sim. Mesmo a propaganda um tanto inferior funciona. Mas – um pouco porque os profissionais são muito trapalhões ao fazer o seu trabalho – a maior parte dela mal consegue realizar a sua função benigna. É aí que eu entro também. Mas isso é digressão.)

O segundo tipo de crítica provém das próprias publicações publicitárias. Infelizmente, as críticas assinadas são, historicamente, exageradas por natureza, escritas por ex-publicitários ou por publicitários da ativa relutantes em ser excessivamente grosseiros com os companheiros de viagem. Essa atribuição de louros, naturalmente, tem um valor duvidoso. "O polegar para cima" não tarda a perder o significado quando não há possibilidade de virá-lo para baixo. Quanto às críticas *não* assinadas, costumam ser mais pertinentes, mas o seu valor – para não falar em potenciais conflitos de interesses – fica prejudicado pelo anonimato.

O que faltou à indústria, até a década de 1980, foi uma pessoa de fora, mergulhada na história da propaganda e conhecedora do ramo, isenta da ortodoxia "do galinho" da esquerda ambientalista e sem nenhum vínculo com a indústria, que criticasse anúncios individuais e desse nomes aos bois sem temer nem favorecer ninguém. Foi então que apareceu Barbara Lippert.

A minha colega e concorrente na revista *Adweek* passou quase três anos à minha frente. As suas críticas espirituosas e provocadoras – que combinavam antropologia cultural e semiótica com princípios de marketing para analisar o conteúdo dos comerciais – logo passaram a ser a matéria mais lida em sua revista. Quando eu saí do *USA Today* e fui contratado pela *Ad Age*, foi para fazer aproximadamente a mesma coisa.

Palavra-chave: aproximadamente.

Embora eu também trate do lugar da propaganda na cultura, entre muitas outras considerações, o meu foco sempre foi principalmente o negócio em si. Uma propaganda consegue promover a estratégia do cliente ou não? E, antes de mais nada, que estratégia é essa? É reconhecível? Faz sentido? Desde o começo, em 1985, "Ad Review" levanta essas questões e tenta respondê-las, citando fracassos e excessos, geralmente em termos bem francos.

Pode-se dizer que a propaganda é uma indústria demasiado acostumada a elaborar meticulosamente as suas próprias mensagens. É uma indústria cuja auto-reflexão institucional se limita a laurear uns aos outros com estatuetas banhadas a ouro. Não estava habituada a levar chumbo grosso dos franco-atiradores das revistas especializadas. Além disso, acrescentando insulto aos ferimentos perpetrados pela "Ad Review", surgiu o sistema de estrelas. Em 1986, a então editora-executiva da *Ad Age*, Valerie Mackie, fez questão de que cada crítica incluísse uma avaliação com estrelas, tal como fazem os críticos de cinema. Eu fui contra, alegando que eram muitas as considerações – da atuação à ética e à participação no mercado – a serem sintetizadas num valor único e significativo. Val era ao mesmo tempo inflexível e hierarquicamente superior a mim no conselho editorial, de modo que, após uma demonstração perfunctória de indignação, eu cedi. O resultado foi algo semelhante a uma instituição publicitária.

Por mais que me agrade ser considerado dono de uma visão e de uma perspicácia excepcionais, o fato é que são as estrelas que dão prestígio à "Ad Review". Na indústria, muita gente capaz de rejeitar a minha opinião por ser idiota ou coisa pior dá muita atenção a essa classificação, porque, além de ser um atalho, as tais estrelas imbecis se transformaram numa espécie de moeda. Todo o mundo sabe o que significam quatro estrelas na "Ad Review" e todo o mundo sabe o que significa uma só, e, em ambos os casos, toda segunda-feira o pessoal corre a contá-las em busca de um veredicto. Naturalmente, uma crítica favorável serve para elevar o moral, acalmar o cliente e alavancar novos negócios para a agência em questão.

Ah, e eu recebo um monte de hipócritas notas de agradecimento, reconhecendo o meu bom gosto e a minha sensatez.

No entanto, a atividade real é a que vem acompanhada de uma boa malhação da "Ad Review". Isso também serve para alavancar novos negócios – logo ao primeiro cheiro de sangue, os tubarões das outras agências começam a mandar fax para os clientes potenciais. Também é comum os clientes bombardearem os diretores de agência com aquilo que

14 OS 10 MANDAMENTOS DA PROPAGANDA

os diplomatas denominam "uma franca e cândida troca de idéias". Que, às vezes, vem acompanhada de uma não menos franca e cândida troca de agências. E, às vezes, anúncios individuais ou campanhas inteiras simplesmente somem no ar. Quando era o principal executivo de marketing mundial da Coca-Cola USA, Sergio Zyman cancelou uma nova campanha internacional de 200 milhões de dólares, numa tarde de segunda-feira, ao ler uma "Ad Review" que, na manhã daquela mesma segunda-feira, apontava os muitos defeitos da campanha.

A coluna de Bárbara, ponderada que era, nunca teve tal efeito.

Não estou querendo dizer que eu me imagino uma espécie de agente do poder. Ainda que esteja impregnado de um *insight* impressionante e de muito carisma, não tenho a pretensão de ser influente. De fato, apesar das bajuladoras notas de agradecimento e da falta de boas pesquisas sobre o tema, desconfio que a reação típica à minha coluna negativa numa agência é "Puxa, que cara idiota", não mais do que isso. (Curiosamente, há quatro ou cinco agências – agências que figuram entre as melhores do mundo e que, há anos, se saem extremamente bem na "Ad Review" – que dão mais importância à questão. Alguns altos executivos dessas casas, ao ler uma avaliação negativa na "Ad Review" e incapazes de enxergar alguma coisa, na propaganda, que possa ter suscitado semelhante abuso, concluem que eu devo ter "interesses" sinistros. Como se eu passasse a noite em claro planejando destruir os totalmente estranhos à Fallon ou a quem for. Até parece, tenham a santa paciência.)

Em todo caso, a "Ad Review" evoluiu como nenhuma outra, até se converter numa força que merece ser levada em conta. Por tudo isso, e recordando uma vez mais que eu não erro nunca, estou sempre coberto de razão, não posso imaginar ninguém mais apto a promulgar os Dez Mandamentos da Propaganda – e, para tanto, vou descer momentaneamente da montanha.

SINTO MUITO, MAS CANNES NÃO DÁ

Mas convém saber o que finalmente me levou a fazer tal coisa vinte anos depois, porque isso – ao contrário de muita propaganda – é relevante. O que me fez ouvir o chamado de Deus foi o Festival Internacional de Publicidade de Cannes.

Nesses vinte anos, a premiação de Cannes passou a ser a mais importante da indústria. Isso decorre da administração hábil, da localização ideal, a prestigiada sede do Festival Internacional de Cinema, um mês antes, e, naturalmente, da inesgotável reserva de vaidade da indústria. Oito mil e tantos comerciais concorrem todo ano, sendo que alguns nem passam por uma triagem – basta apresentar o competente cheque.

O resultado é revelador. Acompanhar a seleção de filmes – um comercial horrendo após outro – é perguntar que ilusões de competência hão de ter proposto e ainda por cima inscrito tanta barbaridade. Com base em que padrões comerciais essas coisas são aprovadas? E com que desfigurada noção de decoro – nem quero falar em autoconhecimento – a platéia toda vestida de preto se dá o direito de apupar e vaiar comerciais exatamente tão insuportáveis quanto os que ela mesma produziu?

Ei, sra. Propaganda, cura-te a ti mesma.

Sem dúvida, não falta o que aprender com o interminável desfile de clichês, produções ordinárias e exageradamente extravagantes, diálogos absurdos, vinhetas sem sentido, sexo gratuito, celebridades no lugar errado, camas de *camping* rangendo, efeitos digitais exibicionistas, piadas vulgares, piadas idiotas, piadas roubadas, piadas inconvenientes, piadas sem graça, piadas desnecessárias, peças fantasmas engraçadinhas e "cortes do diretor" de 73 segundos. A lição mais importante é que é dificílimo fazer um bom comercial, que isso vai muito além de uma produção bem feitinha ou do desejo de entreter, que o castigo por ceder aos seus piores impulsos consiste, entre outras coisas, em encarar uma platéia lotada de colegas conscientes da fraude que você sempre foi.

Mas a lição que os participantes parecem aprender é bem outra: que não há a menor necessidade de resistir aos próprios impulsos, pois o nível é sempre baixo. O catálogo de erros que acabo de enumerar não provém da experiência de entrar numa sala de projeção para assistir, digamos, a toda a categoria "refrigerante" que não passou por nenhuma triagem. Provém da experiência de examinar a lista de finalistas.

As alternativas são tão escassas, já que a indústria publicitária é terrivelmente precária no mundo inteiro, que todo ano o júri de Cannes é obrigado a pensar seriamente em atribuir o Leão de Ouro a anúncios vaiados pelos perdedores nas salas de projeção. Oh, decerto também há vencedores com mérito. Mais adiante, você vai encontrar uma relação de triunfos genuínos, de execuções magistrais – sublimes até – de idéias engenhosas. Mas o que esse festival mais nos lembra não é como as melhores obras nos penetram, transcendentalmente, o coração e a imaginação. Não, a triste lição desse festival é que, a maior parte do tempo, muitos profissionais de publicidade não conseguem fazer o seu trabalho nem sofrivelmente – e que, apesar dos pesares, alguns acabam sendo premiados.

Essa situação não é apenas frustrante; chega a ser uma afronta. E Cannes, que devia ser parte da solução, é parte do problema.

Estamos em junho ou em maio? Você é roteirista ou redator; diretor ou diretor de arte? Que importa? Suba logo nesse palco. Erga o Leão. Exponha-se aos holofotes. Receba o aplauso dos colegas. Embolse um grande salário. Compre um Porsche. Compre um *killer reel* também. Abra a sua própria agência – não necessariamente por ter movimentado muita mercadoria, mas por ser esperto, esperto, esperto! Todos os garotos ambiciosos que o vaiam querem ser exatamente como você. Só que eles são espertos, espertos, espertos, mas não muito, não muito, não muito. Agora vá curtir o bar do Hotel Martinez, enquanto, em algum lugar de Ohio, o cliente se debruça na escrivaninha, fazendo das tripas coração pela participação no mercado e pensando em dar um bom pontapé no seu traseiro premiado.

Que diferença faz? O cara é uma besta mesmo. Você teve até de lhe impor o maldito comercial. E o charmoso gerente de conta de uma grande produtora está no seu encalço. E você, meu caro, é um astro.

E assim continua o ciclo.

Ora, eu compreendo perfeitamente que esse lamento acompanha um antiquadíssimo ponto de vista: que a propaganda existe para ajudar a vender produtos e serviços, e uma propaganda que, afinal de contas, não atinge essa meta não merece troféus, nem adulação, nem mesmo consideração. Sei que existe por aí um lugar – o Lar dos Gerentes de Conta Aposentados – lotado de velhos caquéticos e rabugentos que, entre uma e outra partida de pife-pafe, falam mal dos jovens publicitários acomodados que não dão a mínima para vender. ("Me conte, vovô, você gostou do último comercial do lagar..." – "ISSO NÃO É COMERCIAL! QUE COMERCIAL O QUÊ! ANACIN! 1961! *ISSO*, SIM, É UM COMERCIAL! *ISSO*...")

A minha opinião se abranda um pouco quando levo em conta que as agências não são necessariamente burras, que elas próprias lutam com um conflito de interesses inerente, porque o tipo de propaganda que melhor serve ao cliente nem sempre é premiado, e nada melhor do que uma sala repleta de troféus para atrair novos negócios. Isso também indica que os clientes são igualmente responsáveis por se deixarem seduzir pelas prateleiras cheias de troféus e entrarem na conversa de diretores de criação que fazem 93% das suas vendas em salas de reunião revestidas de teca.

E também indica que as reprimendas contra o valor de entretenimento são ao mesmo tempo erradas e inúteis, pois a melhor propaganda é, sim, extremamente divertida. É fascinante, sedutora e – com muita freqüência – engraçadíssima, recorrendo às mesmas técnicas que a matéria que a todos nos constrange ver dia após dia. Além disso, como vou deixar bem claro mais adiante, foi-se o tempo em que o publicitário podia impactar cruamente o consumidor com uma mensagem de marca. A indústria não só continua tendo de engolir a hostilidade do consumidor, devido ao tempo em que esse impacto era lugar-comum, como o fragmentado mundo da mídia e o controle remoto do televisor permitem fugir instantaneamente de qualquer propaganda considerada chata ou sem graça.

No entanto, o fato permanece: a maioria dos comerciais é desnecessariamente horrível. E eu perdi a vergonha de dizer isso, porque – quase ia esquecendo, palavra – estou coberto de razão. Portanto, foi em conexão com Cannes que eu tive a minha epifania sagrada.

Porque, periodicamente, sou obrigado a ir para lá.

ADORANDO FALSOS ÍDOLOS NA RIVIERA FRANCESA

Eu estava no avião, a caminho da Meca dos excessos publicitários, e ia à mercê do pavor. Cerca de 3 mil adoradores da Originalidade Inútil já tinham convergido para o seu hadji ensolarado – todos vestidos de preto, obviamente. Era a época do festival na Côte Noir, e eu viajava ruminando. O que ia acontecer?

Bolas. Eu sabia perfeitamente o que ia acontecer. Ia acontecer o de sempre. Um punhado de comerciais magníficos ficaria com o Leão. Um número parecido de comerciais muito bons seria rejeitado. Milhares e milhares de peças medíocres não encontrariam senão indiferença. E uma ou duas porcarias ganhariam o ouro em vez do merecido desprezo.

Os coquetéis fluiriam caudalosamente. *Platinum Cards* a reluzir por todos os lados. Deglutição de refeições opulentas. Olhares sub-reptícios despindo mocinhas com o corpo mais lindo que o dinheiro pode comprar. Invocar-se-ia a ética situacional. Fechar-se-iam negócios. Alguns, mais criativos, encontrariam inspiração no que viam. Um número bem maior sairia de lá definitivamente convencido do seu gênio singular. E, no porto, toda manhã ecoariam o chapinhar e o ribombar das máquinas de limpar rua, acompanhadas dos passos arrastados dos bêbados que se recolhem ao amanhecer.

Eu seria um deles, já que o descomedimento adolescente é altamente contagioso. Então, depois de sete dias de hedonismo caríssimo, não restaria senão voltar à realidade. Eu fugiria de Gomorra para fazer a mesma coisa que faço há anos. Destino infelizmente reservado a todos os outros. O aeroporto de Nice se inundaria de olhos vidrados, arregalados, mais exaustos com a experiência do que instruídos por ela. Embora tivesse visto – e aplaudido – duas ou três dezenas de soluções deslumbrantes e de assustadores desafios criativos, estratégicos ou de comunicação, a maioria ia voltar para casa tendo assimilado só as lições erradas. E, no ano seguinte, tudo se repetiria.

Por quê? Por quê? Por quê? Isso simplesmente não precisa ser assim.

Parafraseando Tólstoi, os bons comerciais são todos parecidos; todos combinam uma estratégia correta com a execução correta de uma idéia de venda correta. Mas todos os comerciais ruins também são parecidos; repetem e insistem em repetir os mesmos erros. Para um crítico, essa verdade representa um recurso inesgotável, uma galinha dos ovos de ouro, um moto-contínuo. Os comerciais aparecem. Eu documento as falhas recorrentes. Os comerciais (geralmente) fracassam. Infelizmente, a minha mórbida satisfação de estar com a razão acaba sendo atropelada pela extrema futilidade de ver os mesmos erros repetidos, perene e inexoravelmente, pelas mesmas agências e pelos mesmos clientes. E, como se não bastasse essa tortura chinesa semanal, todo mês de junho há Cannes. Imersão total.

É por isso que eu bebo.

Pois bem, era preciso fazer alguma coisa. Os tais sete dias decorreram exatamente como eu sabia que iam decorrer, e, na viagem de volta, selei o meu pacto com o Senhor. Eu ia bancar o Seu anjo na Terra.

O resultado é o raquítico volume que se segue, os Dez Mandamentos da Propaganda, princípios orientadores para todas as decisões criativas em tempo integral. Não espere uma lista abrangente de instruções para fazer boa propaganda; seria quixotesco e presunçoso até mesmo para mim. Inclusive porque Deus não disse, "Empenhar-te-ás na solução pacífica dos conflitos". Ele disse, "Não matarás". Conseqüentemente, a maior parte do que você vai encontrar neste livro é orientação sobre o que *não* fazer – assim como no que não acreditar, no que não pensar e no que não se enganar a si próprio. A ênfase está nos comerciais de televisão, porque esse é o veículo que mais me ocupa. Todavia, os princípios subjacentes se aplicam a tudo, da televisão à Internet e ao baixo-relevo gravado na areia da praia.

Boa parte do que você vai encontrar aqui eu escrevi faz tempo; algumas coisas foram adaptadas (i. é, tiradas em bloco) de discussões críticas na *Ad Age* e em outros lugares – portanto, peço desculpas a todos aqueles, no meu enorme cortejo de seguidores no mundo inteiro, que, ao topar com certas passagens, provarem a estranha sensação de *déjà vu*. Mas, com isso, encerro a minha lista de desculpas. Sim, grande parte do que você encontrar aqui é um anátema para muitos, senão para a maioria, dos atuais profissionais da indústria, mas não um anátema fulminado frivolamente. É a destilação de muitos anos de reflexão sobre a propaganda, e, se ela suscitar um pouco de irritação agora, espero que também venha a poupar muita gente de um grande constrangimento no sul da França. Aliás, essa é a minha única meta ao escrever.

Espere aí. Eu disse "*que venha a poupar* muita gente de um grande constrangimento"? Troque por "*que consiga poupar*" ou coisa parecida. Como Moisés descobriu a duras penas, o ofício de profeta é fogo na roupa. Eu tenho a ingenuidade de acreditar que todas as tribos de publicitários vão ler estas instruções e, de uma hora para outra, abandonar suas idolatrias. Aliás, tenho a ingenuidade de me imaginar no próximo Festival de Cannes e *não* encontrar aquela gente toda de preto adorando o Leão de Ouro. Mas, se isso continuar acontecendo, ninguém pode pôr a culpa em mim. Eu investi os meus quarenta dias e quarenta noites e até mais. Agora, a única coisa que posso fazer é rezar.

Talvez você conheça o maior comercial que já fizeram, o da Chiat/Day, com direção de Ridley Scott, lançando o computador Apple Macintosh. O cenário era futurista, um pesadelo orwelliano. O *slogan* dizia, "Para que 1984 [o ano] não tenha de ser como *1984* [o romance]." Bom, tudo bem. Encare este livro como o motivo pelo qual, a longo prazo e graças ao meu santo esforço, já que ninguém dá bola para a sabedoria dos tempos, Cannes não terá de ser como Cannes.

Graças a Deus.

NOTA

Este livro está repleto de exemplos de burrices publicitárias tão notórias que você arrisca ficar meio zonzo. Devido à má sorte e nada mais, certas agências terão o privilégio de ver muitas de suas atrocidades publicitárias expostas ao escrutínio público. Não tirem nenhuma conclusão apressada. A Saatchi & Saatchi, para citar uma das infelizes, criou dezenas de milhares de comerciais, em sua história empresarial, e saboreou grandes triunfos ao trabalhar para a British Air, o partido Tóri e muitos outros clientes. O mesmo vale para a Leo Burnet, a Hal Riney & Partners, a Fallon, a BBDO e qualquer outra empresa que tiver de engolir sapo neste manifesto. Aqui, a representação excessiva ou minguada de qualquer agência individual é mera obra do acaso, só isso.

CAPÍTULO **1**

AS REGRAS SÃO FEITAS PARA SER CUMPRIDAS

Sabe, eu estava lendo *No caminho de Swann*, de Marcel Proust... lendo só um pouquinho de Proust um dia... e topei com uma frase que me deixou bem intrigado. (Aliás, já estou cansado de topar com ela, pois comecei esse livro pelo menos sete vezes e nunca consegui passar da página 175: o cara é definitivamente soporífero. Problemas de insônia? Posso lhe recomendar um pouco de Proust? Você vai acabar como Rosie O'Donnell em seis páginas.)

Mas acontece que Proust, o novelista/sedativo francês do século XIX, faz uma observação interessantíssima. Fala dos poetas, "aos quais a tirania das rimas impõe a descoberta dos mais lindos versos".

Segundo ele, a rigidez da forma poética aguça o pensamento do escritor. A necessidade de conceber rimas obriga-o a medir cada nuança sutil do significado e a ser judicioso a cada sílaba. Embora determinada estrofe ofereça um vasto léxico de opções para expressar um pensamento, não é, nem de longe, o número assustador, infindável, de possibilidades que se apresentam no reino do verso branco, sem rimas, ou – mais assustador ainda – no do verso livre, sem rimas e sem regra nenhuma. Isento de responsabilidade pela métrica e pela rima, o autor de verso livre fica livre para ser desmazelado, chocho, impreciso. Quem trabalha com rima tem de encontrar a solução exatamente certa e expressiva – solução que, sem a tirania, talvez nunca se sugerisse.

É claro que, em mãos ineptas, a rima pode levar a dísticos mais vulgares do que um plano mal concebido. Mas, nas mãos de um artista, é pura magia.

The curfew tolls the knell of parting day,
The lowing herd wind slowly o'er the lea,
The plowman homeward plods his weary way,
And leaves the world to darkness and to me. *

Essa é a primeira estrofe de "Elegy Written in a Country Churchyard" [Elegia escrita num cemitério campestre], de Thomas Gray, e eu me atrevo a dizer que, ao lê-la, chego a sentir a exaustão do fim do dia, que aqui é uma metáfora do fim da vida. No caso, a tirana, a rima, revela-se uma déspota mais do que esclarecida.

A TIRANIA DA LIBERDADE E VICE-VERSA

Soltar prendendo; Proust não foi o único pensador francês a observar esse paradoxo. O filósofo Michel de Montaigne, do século XVI, também refletiu sobre a beleza libertadora da forma. (E, com Deus por testemunha, esta citação também não é da *Familiar Quotations* [Citações familiares] de Bartlett. Eu dei com ela ao ler uma seleção de ensaios do próprio Montaigne. Não vou explicar como isso aconteceu. Limito-me a deixá-lo serenamente pasmo.) Seja como for, Montaigne observou que o som agradável do trompete resulta da física da constrição: "[...] tal como a voz, comprimida no tubo estreito do trompete, sai mais potente e com mais estridência; do mesmo modo, parece-me, uma frase comprimida na harmonia do verso dardeja mais vivamente o entendimento, atingindo-me o ouvido e a apreensão com um efeito mais sutil e agradável." Ele e Proust tinham opiniões idênticas: aquilo que superficialmente parece

---

* Avisa o sino que esmorece o dia, / A tarda grei mugindo o aprisco busca, / Lasso cultor à choça vai, tardia, / Deixando o mundo a mim e à sombra fusca. (Tradução de Marquesa d'Alorna.)

confinar é, na verdade, o caminho da liberdade. (Por ora, vamos deixar de lado o fato de que, enquanto o filósofo Nietzsche ruminava sobre as ruminações de outro filósofo, Kant, em torno do mesmo tema, o conceito de liberdade pela repressão era apropriado por Hitler como uma racionalização do totalitarismo. *Arbeit macht frei*, ora, vá catar coquinhos.) Eis um pouco de Shakespeare:

When, in disgrace with fortune and men's eyes.
I all alone beweep my outcast state
And trouble deaf heaven with my bootless cries
And look upon myself and curse my fate,
Wishing me like to one more rich in hope,
Featur'd like him, like him with friends possess'd,
Desiring this man's art and that man's scope,
With what I most enjoy contented least;
Yet in these thoughts myself almost despising,
Haply I think on thee, and then my state
Like to the lark at break of day arising
From sullen earth, sings hymns at heaven's gate;
For thy sweet love remember'd such wealth brings
*That then I scorn to change my state with kings.**

Belo trabalho. Lavrado em quatorze pentâmetros iâmbicos – três quadras seguidas de um dístico, com o esquema rimático ab, ab, cd, cd, ef, ef, gg. Ele escreveu 154 sonetos assim. Esse é o de número 29. Vejamos o número 6:

---

* Se, órfão do olhar humano e da fortuna, / Choro na solidão meu pobre estado / E o céu meu pranto inútil importuna, / Eu entro em mim a maldizer meu fado; / Sonho-me alguém mais rico de esperança. / Quero feições e amigos mais amenos, / Deste o pendor, a meta que outro alcança, / Do que mais amo contentado o menos. / Mas, se nesse pensar, que me magoa, / De ti me lembro acaso – o meu destino, / Qual cotovia na alvorada entoa / Da negra terra aos longes céus um hino. / E na riqueza desse amor que evoco, / Já minha sorte com a dos reis não troco. (Tradução de Ivo Barroso)

Then let not winter's ragged hand deface
In thee thy summer, ere thou be distill'd:
Make sweet some vial; treasure thou some place
With beauty's treasure, ere it be self-kill'd.
That use is not forbidden usury,
Which happies those that pay the willing loan;
That's for thyself to breed another thee,
Or ten times happier, be it ten for one;
Ten times thyself were happier than thou art,
If ten of thine ten times refigured thee:
Then what could death do, if thou shouldst depart,
Leaving thee living in posterity?
Be not self-will'd, for thou art much too fair
*To be death's conquest and make worms thine heir.**

É difícil dizer qual soneto é mais deslumbrante, mas eu estou curioso. Por acaso você detectou alguma coisa remotamente semelhante nos dois poemas, à parte as rígidas coerções da forma? Semelhança de linguagem? Semelhança de temas? Semelhança de imagens? Pode deixar que eu mesmo respondo a essa pergunta: não, você não detectou nada disso, porque, fora os quatorze pentâmetros iâmbicos, os dois sonetos não têm absolutamente nada em comum. O primeiro diz que até o mais fracassado dos homens, que morre de pena de si mesmo, é salvo pelo colete salva-vidas do amor. O segundo é uma receita de imortalidade: tenha filhos, por mais que eles o aporrinhem. Portanto, uma vez mais, o bardo de Avon não ficou tolhido pela forma, ficou?

---

* Não deixes que a mão do inverno malogre / o teu verão sem antes ver como te destilas / Adoça um recipiente e entesoura um lugar / com a tua doce beleza, antes que se estiole. / Nunca é proibida usura cobrar o juro, / que alegra ao que de bom ânimo contraiu o empréstimo. / Essa é a tua obrigação, criar um semelhante / e, se criares dez, dez vezes mais feliz; / Dez vezes mais feliz serás do que és, / se os dez que tiveres criado contigo se parecerem. / Que há de fazer a morte, quando tiveres de partir, se segues vivendo nessa descendência? / Não sejas egoísta por teres a beleza, nem que herde a morte a tua alma entre vermes.

Mas, cá entre nós, não é preciso ser um Shakespeare ou um Proust para entender essa lição. Basta bater papo com um psicólogo infantil. As crianças precisam de normas. A falta de limites não liberta; escraviza, prende o assustado garoto num mundo gerador de ansiedade, cheio de conseqüências que ele não tem como controlar. A disciplina, a demarcação firme de limites, livra a criança do pavor da incerteza. Se você quiser um filho inseguro, ceda a todos os seus caprichos e manhas. Se quiser um filho feliz e ajustado, aprenda a dizer não e a ser conseqüente. Inútil dizer que isso vale igualmente para os adultos. "Boas cercas", diz a famosa observação de Robert Frost, "fazem bons vizinhos". E também fazem bons diretores de arte.

Nesse caso – e como é ponto pacífico entre os artistas que não existe nada mais apavorante do que uma folha de papel em branco –, por que diabo a propaganda cultua com tanto desatino a ruptura das regras? Aliás, se levarmos a sério essa tão disseminada e ostentosa pretensão à iconoclastia, a própria ruptura das regras vira uma regra. Todos os cantos da propaganda, em todos os cantos do mundo, estão povoados de caras que se imaginam destemidos anarquistas. Bob Schmetterer, o diretor da Messner, Vetere, Schmetterer, Berger, McNamee/Euro RSCG viajou a Cannes para fazer um discurso sobre a "Ruptura das Normas". A introdução do site da TBWA exorta: "Mude as Regras". A Korey Kay & Partners, agência de Nova York, pede aos clientes potenciais que declarem *por escrito* que estão dispostos a infringir as normas. Até mesmo o diretor da DDB, Keith Reinhard, sempre tão calmo e sensato, asseverou, ao discursar na American Association of Advertising Agencies, que é um "transgressor de regras".

Coisa espantosa! Mas espere, não é só isso! Mesmo porque essa "filosofia" se espalhou como fogo no palheiro, desde o supercampeão até o lanterna da segunda divisão.

Na Internet, a agência Virtual Farm, Pensilvânia, promete grandes idéias para infringir as regras. A GreenDOT Advertising usa o seu site para explicar que é muito bom transgredir normas, mas só se você souber o que está fazendo. (A GrennDOT declarou possuir esse conhecimento raríssimo. *Todas* as agências declaram possuir esse conhecimento raríssimo.) A Fellers & Co., um grupo texano de marketing e propaganda, se gaba de que as suas equipes de criação "Quebram as Regras". A Banana-

Dog Communications, uma *web designer* australiana, apresenta a seguinte filosofia empresarial: "A nossa meta e o nosso sonho é transgredir as regras." A Lines Advertising & Design diz que "A única regra a ser acatada no desenvolvimento de uma idéia é não ter regra nenhuma". O criador de *web banner* Dave Nixon relaciona dez normas de *banner design* em ordem decrescente, culminando com a Nº 1: "Quebrar as regras". A Corinthian Media, empresa especializada em mídia, recomenda aos clientes em potencial, "Não tenha medo de infringir as normas". O livro do autodenominado guru do marketing Dan Kennedy se intitula *How to Succeed in Business by Breaking All the Rules* [Como ter sucesso nos negócios rompendo todas as regras]. E Robert W. Bly, um mestre na matéria, explica, "Os grandes redatores têm sucesso porque sabem quando transgredir as normas".

E, para que você não imagine que se trata de um fenômeno exclusivamente norte-americano, veja só qual foi o tema da AdAsia 2003, promovida pela Asian Federation of Advertising Association: "Quebre as Regras".

Taí uma coisa que não é de Proust:

I, I wanna be bad
You make bad feel so good
I'm loosing all my cool
I'm about to break the rules
I, I wanna be bad
I wanna be bad with you, baby
I, I, I, I, I wanna be bad, baby*

Refrão de "I Wanna Be Bad". Copyright 2000 de Willa Ford.

Isso mesmo, *baby*, se é para ser ruim, o negócio é entrar de sola e acabar com as regras. Impossível errar. Por exemplo, muitas das agências que eu acabo de mencionar foram por água abaixo faz tempo. E quem há de esquecer o *slogan* publicitário do Burger King em 1989-90: "Às vezes a gente precisa infringir as regras"? O tombo espetacular, o fracasso es-

---

* Eu, eu quero ser ruim / Você faz ser tão gostoso ser ruim / Eu estou perdendo o rebolado / Estou disposta a romper as regras / Eu, eu quero ser ruim / Quero ser ruim com você, meu bem / Eu, eu, eu, eu, eu quero ser ruim, meu bem.

trondoso dessa campanha que reduziu a clientela a cinzas é a prova cabal do abjeto vazio da proposta. No entanto, como já vimos, todo diretor de criação e seu parceiro falam em romper barreiras, violar tabus e chutar o pau da barraca. Por quê? Quem disse que é preciso chutar o pau da barraca? Na maior parte dos casos, o redator, o cliente e o consumidor são mais bem servidos se a barraca for simplesmente armada e usada como convém. O caminho do inferno da participação no mercado está pavimentado com marcas que, na verdade, tinham novidades importantes e diferenciadas a oferecer – novidades tão boas que a maioria dos marqueteiros era capaz de vender o rim da própria mãe para poder explorá-las –, só para ceder a alguma excêntrica noção de transgressão inspirada.

GRANDE NOVIDADE: O TRANSPORTE TRANSPORTA

Um exemplo gritante foi o lançamento, pela agência Mullen, Wenham, Massachusetts, em 1997, de veículos usados com certificado de fábrica da General Motors. A carta que acompanhava o filme para o Laboratório de Projeções da "Ad Review" começava assim: "Poucas vezes, nos últimos cem anos, a General Motors lançou uma nova marca. Recentemente, foi divulgada a marca Veículos Usados Certificados da GM, que agora vem ocupar o seu lugar juntamente com a Saturn, a Chevrolet, a Pontiac, a Oldsmobile e a Cadillac." Portanto, tratava-se, evidentemente, de uma ocasião importante, muito embora a agência omitisse duas coisas:

1. Toda a divisão Buick da GM
2. Nenhuma indicação, na campanha publicitária, da razão de ser dessa nova marca.

Em 1997, já fazia tempo que outros fabricantes haviam criado programas de usados certificados. Num item final, a agência asseverava que a GM tinha de fazer algo diferente, ousado, inesperado. Assim, ao lançar os veículos usados certificados, a General Motors esqueceu as partes "certificados" e "usados" da marca divulgada, limitando-se a homenagear, no fim dos comerciais de sessenta segundos, a... *utilidade dos veículos*. Em suma, e tomara que você esteja sentado, constatou-se que os automóveis e as peruas são ótimos para transportar gente.

Um dos filmes apresentava uma montagem com crianças praticando vários esportes. Começava com três jogadores de hóquei saindo de uma garagem, depois aparecia um gordinho com um taco de golfe, a seguir, uma pequena nadadora bocejando. O locutor, em *off*, era um treinador empenhado em estimulá-los: "Vocês são campeões, garotos, sabem? Muito bem, mostrem essas carinhas. Isso!" Então aparecia na tela a palavra *amor* em letras invertidas, e uma menininha dizia, "Nós precisamos de amor". Aí o treinador exortava o time: "A gente está aqui para jogar beisebol, certo?" "Certo!", respondiam as crianças aos berros. E eis que lampejava a palavra *estímulo*, e a garota reiterava, "Nós precisamos de estímulo". As duas imagens seguintes mostravam um casal de crianças vestidas para dançar e outro pronto para a festa do Dia das Bruxas. Depois, um guri diante de um avião de combate. A palavra oca seguinte era: *inspiração*. "Nós precisamos de inspiração."

Até esse ponto, a propaganda parecia um comercial básico, ambicioso, da Nike. Mas então vinha a tomada maravilhosamente encantadora de um garoto com uma fantasia de cachorro totalmente confeccionada com latas de refrigerante vazias. Logo depois, uma menininha de cara amarrada ia pela rua: acabava de sair de uma briga. (O papai: "Não foi ela que começou". A mamãe: "Não interessa quem começou".) Isso levava à qualidade humana seguinte que as crianças exigiam dos adultos: "Nós precisamos de compreensão". E, enfim, após algumas tomadas de um pequeno violinista e de uma mal-humorada garota de *collant*, vinha a necessidade suprema da criançada:

Passeios.

E, naturalmente, o comercial documentava os jogadores de hóquei, a bailarina, o cachorro de latas, todos esperando que os adultos fossem buscá-los. De perua. (Cuja marca ficou sendo um mistério, pois a tomada era panorâmica.) Enfim, a voz do locutor se apressava a contar qual era o sentido – ou, pelo menos, o patrocinador – de toda aquela educação moral e cívica: "Apresentando veículos usados. Recondicionados, garantidos e prontos para a vida. Certificados GM".

Entendeu? As crianças precisam de compreensão *e* de motorista. No segundo filme, uma novidade igualmente surpreendente: os vendedores precisam de carro. E assim, presumivelmente, nós devíamos ficar comovidos com a sensibilidade dessa nova marca da GM para entender a nossa vida.

Fantástico. E daí? Que vantagem esse entendimento nos traz? Embora as fatias da vida da Mullen fossem de fato preciosas, ninguém precisa que os Veículos Usados Certificados lhe ensinem a amar e estimular as crianças. Para isso, nós já temos Hillary Clinton. Quanto à revelação de que os automóveis são úteis, bom... deixa pra lá. O problema não era a propaganda insistir tanto no óbvio. Era a propaganda insistir no óbvio *errado*. Nem pensar nos benefícios do amor e dos carros. Onde ficam as lojas? Como estão os preços? Que tipo de garantia?

Ah, e por acaso eles vendem Buicks usados? Pois é, a campanha foi inesperada, sem dúvida. E é claro que fracassou. A GM e a Mullen não tardaram a se separar. Tal como no casamento, em propaganda, a ruptura das regras geralmente leva à ruptura do relacionamento.

WILL REFRACT FOR FOOD*

Pode ser que você veja esse exemplo e diga, "Por acaso *isso* é quebrar regras? Calvin Klein vive fazendo comerciais porno-infantis, e essa *propaganda de carros usados* é que é subversiva?" Mas acontece que eu comecei por ela de propósito, porque, no afã de criar um vínculo emocional com o espectador, ela transgride a mais fundamental de todas as normas da propaganda: se você tem uma informação para dar, dê. A verdade é que os consumidores são ávidos por informação. Essa é uma das poucas coisas que eles realmente valorizam na propaganda, de modo que jogar fora semelhante oportunidade só para bancar o sentimental com Chevrolets de segunda mão é absolutamente imperdoável.

Lamentavelmente, embora decerto seja um pouco irritante, o exemplo também é básico e prosaico. O meu objetivo, aqui, não é deixá-lo meio irritado. O meu objetivo é enumerar transgressões tão extravagantes e malucas que você vai morrer de raiva.

Por isso, vamos reservar um momento para examinar uma peça extraordinária, transgressora de normas, rompedora de limites: a campa-

---

* Tradução literal, "Vamos refratar para comer", frase estampada em camisetas de oftalmologistas recém-formados que faz um jogo de palavras com os dois significados do verbo *to refract* (refratar a luz, ou seja, a função dos óculos; e resistir à autoridade, recalcitrar). (N. T.)

nha da For Eyes, de 1994, da agência Beber/Silverstein de Miami. Essa cadeia de ópticas fundada por oculistas ex-*hippies* (!) ganhou uma fortuna vendendo óculos baratos. Mas, tendo conservado intactos os valores "paz e amor", os seus princípios empresariais contemplavam o uso da propaganda só para vender bens e serviços plenamente coerentes com esse *tãããão* velho paradigma. Assim, numa série de peças de quinze segundos, o anunciante se empenhou em combinar os comerciais com mensagens socialmente engajadas. No mais assombroso deles, a câmera enquadrava um grupo de sem-teto que viviam como a escória da sociedade num parque municipal. "Se você se acostumou a isso, está precisando de óculos", observava a parte imbuída de espírito público do anúncio, sacudindo um dedo figurativo na cara do espectador.

Aí vinha a segunda parte da mensagem: "Dois pares por 79 dólares".

Ora, isso era infringir as regras, sem dúvida alguma, já que raramente na história do comércio um marqueteiro havia justaposto com tanta ousadia a indizível tragédia humana, de um lado, a preços sedutoramente acessíveis do outro. A campanha durou menos de uma semana e foi cancelada devido à indignação do espectador. Logo depois, a agência foi dispensada por ter persuadido o cliente a fazer, por dinheiro, o pior comercial que já se viu na televisão.

Claro, não era o *meu* dinheiro, certo? Era o dinheiro do cliente. Sempre é o dinheiro do cliente. Nada mais fácil do que transgredir as normas quando é o outro que paga a conta.

Nos próximos capítulos, vou descrever com horrorosos detalhes muitos desses erros crassos e espantosos, todos eles acompanhados das despesas que os iludidos clientes foram levados a aprovar. Mas, por ora, examinemos uma campanha de automóveis que, em agosto de 1989, violou estrepitosamente as regras e não tardou a ser tema de comentários em toda parte, penetrando a consciência do país como poucos lançamentos de produto penetraram, e que até hoje está pagando por esse pecado.

É bem possível que você se lembre. Foi a divulgação da tão esperada linha Infiniti de carros de luxo japoneses, um *début* tão apaixonado por suas imagens taoístas que acabou engendrando um inescrutável enigma ocidental: qual é a vantagem de não ter carro? Nove comerciais da Hill, Holliday, Connores, Cosmopulos criaram belas cenas da serenidade da natureza sem a presença de nenhum automóvel. Nenhum mesmo.

Árvores ao longe, farfalhando na brisa.

Essa era a imagem – a única – do filme chamado "Folhas distantes". Apenas uma longa tomada de árvores acariciadas pelo vento, com um narrador invisível a dizer em tom calmo, supostamente coloquial, pouco mais do que um sussurro: "O carro tem motor, sistema de suspensão. Faz parte de uma estrada, que faz parte da paisagem. E, quando tudo isso – a vontade do motorista, a capacidade do automóvel, a sensibilidade da estrada –, quando tudo isso é uma coisa só, única, você tem uma sensação, uma idéia real de luxo. Infiniti".

Outros anúncios tinham títulos como "Flocos de plumas", "Galhos tenros" e "Árvore na névoa" – todos com o mesmíssimo estilo frugal, a mesmíssima fixação num pedacinho qualquer do naturalismo do estado de Washington e a mesmíssima omissão do freio antibloqueio e da suspensão McPherson. Em "Chuva de verão", que mostrava um raio distante sobre um lago ao anoitecer, o narrador dizia, fazendo o possível para falar num tom que não fosse de narração: "Você sabe, não é apenas um carro, é uma expressão de cultura, uma estética de certo modo ligada à natureza, uma maneira de dizer, 'Isso é o que nós podemos fazer quando trabalhamos no nível mais elevado do nosso potencial'. Esse é o nível de compromisso por trás de uma nova linha de automóveis de luxo do Japão. Infiniti".

Legal, mas ele tem vidro elétrico?

Naturalmente, a resposta era a base de toda a campanha: *claro* que tinha vidro elétrico. Claro que a nova linha Infiniti tinha um motor fantástico, uma suspensão maravilhosa e todos os acessórios que você pode imaginar – assim como os tinha o Acura e o novo lançamento rival Lexus e, pensando bem, até a General Motors. A Nissan Motor Corp., proprietária do Infiniti, e a agência sabiam perfeitamente que qualidade e conforto não eram atributos exclusivos de ninguém. Em 1989, o mercado de carros de luxo estava saturado e tendia a se saturar ainda mais. Para prosperar em tais circunstâncias, para comer o segmento de luxo pelas gordas bordas, para conquistar o coração e a mente do consumidor com 40 mil dólares ou mais para gastar, enfrentando quilômetros de congestionamento na via expressa, eles acharam que não bastava simplesmente ter um grande carro.

Por isso decidiram desviar o foco do carro.

Foi uma estratégia baseada na novidade (Como não ia chamar a atenção?) e na psicografia, visando ao grande e mal explorado mercado de jovens abastados que encaram os automóveis de luxo como um emblema vulgar. Eles sabem que um Jaguar é um belo carro, mas também sabem que usá-lo é o correspondente automotivo da melancia no pescoço. São consumidores discretos, e o lançamento do Infiniti sem imagens do automóvel foi uma tentativa de capturar a imaginação não com anúncios de produtos reluzentes, e sim com idéias. Ou pelo menos com a ilusão de idéias. O resultado foi principalmente uma carrada de mensagens espirituais sem nenhum valor, e a cuidadosa narrativa coloquial saiu mais pomposa do que autêntica.

"Uma nova visão, mais idealista", enfatizava o narrador num filme intitulado "Chuva com ramos". "Chegou a hora, disse a morsa. Chegou a hora. Infiniti."

Minha Nossa! Em busca do consumidor paradoxalmente discreto: um exercício de eufemismo paradoxalmente pernóstico. Mas, se parte do objetivo era chamar a atenção, isso eles conseguiram. Ah, e como chamaram a atenção! Em poucas semanas, o Infiniti – a fábrica de automóveis com vergonha de mostrar seus automóveis – virou a grande piada nacional. Jay Leno, no seu monólogo no "Tonight Show", contou que as concessionárias do Infiniti estavam desertas, mas "Eu ouvi dizer que a venda de pedras e árvores aumentou 300%".

No fundo, a campanha não era tão ruim assim. A sua concepção, pelo menos para chamar a atenção, tinha sentido. Mas o anunciante e a agência ficaram tão seduzidos pelo alarde que os comerciais começaram a fazer que acabaram confundindo – como tantas almas desnorteadas – consciência com interesse. Querendo despertar ainda mais a curiosidade do público norte-americano pela aparência do novo carro, eles, na segunda fase da campanha, resolveram apostar todas as fichas no mesmo número. É verdade: quase não mostraram o veículo nesses anúncios. Entrementes, a Lexus tratou de exibir constantemente os seus bonitos modelos em todo o país, com anúncios que visavam não àqueles que desejavam o luxo para preencher uma espécie de conceito zen de perfeição automotiva, mas àqueles que queriam deixar os vizinhos se mordendo de inveja.

No fim do primeiro ano, a Lexus vendeu mais do que o dobro dos automóveis da linha Infiniti, vantagem que não fez senão aumentar. Em

2001, a participação da Lexus no mercado de carros e picapes dos Estados Unidos era de 1,3%. A da Infiniti não passava de 0,4% – o que leva a indagar por que a sabedoria convencional valoriza tanto o não-convencional.

O PARADOXO DO "1984"

Eu vivo perguntando por que as coisas são como são, mas, puxa vida, eu sei por quê. Um dos motivos é o fato de os publicitários, como classe, serem uma espécie de prisioneiros do seu próprio Mito da Vanguarda Avançada, de eles se acreditarem perigosíssimos agentes provocadores, jovens ousados que executam um trabalho arriscado sem rede de proteção, artistas que se definem, substancialmente, como redefinidores do *status quo*. Como vamos ver no Capítulo 7 ("Você está condenado? Faça este teste simples!"), não acho que esse seja um pensamento sadio, produtivo, mas isso fica para depois. O segundo motivo é o Paradoxo do "1984".

É provável que o anúncio intitulado "1984" – como se observou na introdução deste extraordinário evento literário – tenha sido o maior comercial da história da propaganda. Criado pela Chiat/Day e dirigido pelo lendário Ridley Scott, ele descreve um pesadelo orwelliano futurista, no qual um tirânico Big Brother deita regras, via telão, diante de uma platéia lotada de idiotas degenerados e boquiabertos.

Mas, enquanto eles lá estão – de olhos vidrados, monocromáticos –, eis que aparece no corredor uma moça esguia, forte e ágil. Vem empunhando um martelo de atletismo, o qual ela agita no ar, gira-o para lá e para cá, até que enfim o arremessa no gigantesco telão. A imagem do Big Brother desfalece nos estilhaços da explosão. Os escravos estão livres. Então a voz em *off* diz: "Apresentamos o Apple Macintosh. Para que 1984 não tenha de ser como *1984*".

Entendeu? O Big Brother era a IBM, o ameaçador tirano que dominava a informática, ao passo que a Macintosh era a libertadora destemida – uma ferramenta e, mais importante ainda, um símbolo da independência do iconoclasta heróico. Hoje em dia, é desnecessário dizer o quanto isso é ridículo, pois a IBM está longe de ser um Big Brother onisciente e onívoro. Obviamente, o Big Brother agora é a Microsoft. Mas, em 1984, o panorama era um pouco diferente, e esse comercial foi uma obra-prima carregada de emoção.

34 OS 10 MANDAMENTOS DA PROPAGANDA

Também foi – num critério comum e corrente de comunicação informativa linear, lógica, do lado esquerdo do cérebro – um dos atos mais irracionais da história da propaganda. Pense bem. O mundo dos computadores pessoais da época era o mundo do DOS. Não o do Windows superposto ao DOS. Apenas o feio, árido e intensivo prompt do DOS. Mas eis que essa nova tecnologia revolucionária e favorável ao usuário lança a idéia de ícones e *mouse* manual para navegar pelas aplicações. E o comercial – o comercial supercampeão que apresentou ao mundo essa tecnologia extraordinária – *não mostrava uma única imagem do produto*.

Foi ou não foi uma transposição de limites, uma ruptura?

Foi uma jogada impressionante e rendeu muitíssimo. Por exemplo, esquecendo provisoriamente o propalado lugar do comercial na história, no momento em que escrevo, dezoito anos depois, esse apelo desafiador, psicográfico, continua sendo o núcleo perene de todo o marketing da Apple. "Pense diferente" e "1984" são fundamentalmente idênticos.

Engula esta: o maior comercial de todos os tempos – talvez o maior anúncio isolado da história – transgrediu todas as normas imagináveis; a sua própria genialidade está no caminho inesperado que tomou para impactar o consumidor. Estou pensando, por exemplo, no *"Lemon"* da Volkswagen, no "Ela é... ou não é?" da Clairol e no *"Just Do It"* da Nike.

O problema é que são apenas três exemplos. Anualmente, produzem-se pelo menos 300 mil anúncios – e talvez 3 milhões –, sendo que uma porcentagem chocante deles infringe as regras na lamentável e equivocada convicção de que esse é o caminho do sucesso. Mas acontece que esse não é o caminho do sucesso. É o caminho da abominação extrema. Se você for a Cannes e entrar nas salas de projeção em que exibem, um após outro, esses pretensos *tours de force*, vai entender como esse culto ao desregramento é generalizado e como a abominação é conseqüentemente ubíqua. Uma visita ao Festival Internacional de Publicidade ou à maior parte das outras disputas de prêmios é uma viagem a Abominópolis.

O paradoxo do "1984" também levanta grandes questões para as agências. Você cultiva uma atmosfera de anarquia e desfaçatez, estimulando os empregados a fazer todas as opções erradas na fútil busca de uma idéia avançadíssima? Ou impõe protocolos racionais de comunicação que dificilmente resultam num novo "1984", mas melhoram a produção geral da agência por ordens de magnitude?

AS REGRAS SÃO FEITAS PARA SER CUMPRIDAS   35

A maioria das agências parece ter optado pela primeira alternativa. Na minha, a Garfield & Deus, a ser inaugurada em breve, as coisas vão ser feitas de modo muito diferente – porque, como se sabe, disciplina e gênio não se excluem mutuamente. Aliás, eu quero propor um pequeno exercício; vamos examinar as 25 maiores campanhas publicitárias, tal como as classificou a *Advertising Age* há alguns anos, avaliando-as pelo critério de ruptura das normas. Sem dúvida, a Apple, a Volkswagen, a Nike, a Clairol, a Avis ("Nós somos a número dois. Por isso nos empenhamos mais.") fizeram abordagens revolucionárias em suas categorias, opondo-se à intuição em tudo quanto a propaganda havia definido como sagrado. E, só para mostrar que eu não estou forçando a barra, vou pegar até mesmo os versinhos dos *outdoors* de estrada da Burma Shave, embora, na verdade, eles não passassem de uma imitação em escala reduzida que proliferou a ponto de virar um fenômeno (resulta que a tirana, a rima, não chegou a fazer sucesso): NESTE MUNDO TÃO INGRATO / QUE GIRA, GIRA, E NÃO PÁRA / CAI DA CABEÇA O CABELO / MAS NUNCA CAI O DA CARA / BURMA-SHAVE. As outras dezenove campanhas – as outras *dezenove* – não romperam regra nenhuma, só bateram os recordes de vendas.

A Coca-Cola ("A pausa que refresca"); a Miller Lite ("É deliciosa e engorda menos"); o Federal Express ("Absolutamente, positivamente, de hoje para amanhã"); o Alka-Seltzer; a Pepsi-Cola ("Pepsi-Cola refresca mais"); a DeBeers ("Um diamante é para sempre"); a Maxwell House ("Bom até a última gota"); o Ivory Soap ("99$^{44}/_{100}$% puro"); a American Express ("Você me conhece?"); o Anacin ("Alívio rápido, rápido"); o Burger King ("A gente faz do seu jeito"); a *Rolling Stone* ("Percepção *versus* realidade") e a Campbell's Soup ("Mmm, mmm, que delícia") concentraram-se nos benefícios intrínsecos do produto.

O Marlboro (o caubói do Marlboro); a McDonald's ("Hoje você merece um descanso"); o Exército dos Estados Unidos ("Seja tudo que você pode ser") e a Pepsi ("a Geração Pepsi") procuraram refletir as aspirações do público-alvo. A Chanel ("Participe da fantasia"), a vodca Absolut (a campanha da forma da garrafa) e a Hathaway ("o homem da camisa Hathaway") cultivaram uma imagem sofisticada.

Cada uma dessas campanhas partiu não de uma insurreição, mas de um *insight*, entendendo a marca e o consumidor e forjando uma mensagem que estabelecesse um vínculo entre os dois. Só para registro – e você

36 OS 10 MANDAMENTOS DA PROPAGANDA

vai ter de acreditar na minha palavra, porque eu não sou louco de fazer a lista de todas elas –, 79 das cem melhores campanhas da *Ad Age* nada têm que se oponha à intuição. As pessoas que as criaram compreendiam que as regras existem para ser cumpridas. Ou, como disse o meu amigo Montaigne em 1575: "Não convém alterar facilmente uma lei recebida". Vamos dar risada:

USA Today, **28 de setembro de 1989:** O novo slogan publicitário da Burger King é mais do que uma promoção de vendas. É um grito de guerra.

"Às vezes a gente precisa infringir as regras" não deixa de ser uma jogada arriscada para a segunda maior cadeia de restaurantes do país, mas as épocas desesperadas pedem ações ousadas. Desde 1986, a participação no mercado da Burger King caiu de 17,7% para 16,8% graças a uma série de campanhas publicitárias quase dignas de riso. Nesse período, a nº 1, do McDonald, subiu de 30% para 35%. E o que restava do espírito empresarial que "Herb, o panaca" e outros anúncios fraquíssimos não conseguiram destruir, as desavenças internas destruíram. A qualidade e o asseio do restaurante começaram a escorregar – os primeiros sinais de morte no ramo de refeições rápidas.

Quarta-feira, quando oitocentos empregados estavam digerindo a nova campanha numa apresentação especial aqui, o diretor de marketing da empresa expressou a magnitude do desafio. "Nós estamos tentando iniciar toda uma nova campanha, pessoal", disse Gary L. Langstaff. "Não olhem para trás."

Advertising Age, **29 de janeiro de 1990:** Três meses e meio depois do início de uma nova campanha, os franqueados da Burger King estão resmungando por causa do tema que orienta toda a companhia.

"O tema ['Às vezes a gente precisa infringir as regras'] é totalmente inócuo", disse Gary Robison, um operador da região de Denver. "A gente tem de explicá-lo à maioria das pessoas." Nick Kraft, o franqueado de Denver, declarou, "É difícil de entender, e a mensagem é confusa". O diretor de operações dos três franqueados da Costa Oeste afirmou que o tema está causando problemas mais sérios do que confusão.

"O que significa infringir as regras?", perguntou esse operador, que prefere ficar anônimo. "Alguns clientes acham que podem pedir tudo o que querem, e de graça ainda por cima." Um deles, ao ser informado de que não podia levar seis pacotes de molho de churrasco para temperar um saquinho de batata frita de 69 centavos, respondeu, "Ora, a propaganda de vocês manda infringir as regras".

Associated Press, 27 de fevereiro de 1991: O diretor-executivo de marketing da Burger King se demitiu na quarta-feira, quando a segunda maior rede de lanchonetes decidiu cancelar a campanha publicitária com o tema "Às vezes a gente precisa infringir as regras", desenvolvida por ele.

Advertising Age, 22 de abril de 1991: Na semana passada, a Burger King lançou o seu novo tema, "Do seu jeito. É pra já", com base no antigo "A gente faz do seu jeito", num novo filme para a televisão sobre o seu novo Grelhado BK. Isso pôs fim aos dezenove meses do controverso "Às vezes a gente precisa infringir as regras".

CAPÍTULO **2**

O PECADO ORIGINAL

A posto que você está querendo perguntar, "Bob, será que não dava para você contar um caso de algum obscuro músico alemão do século XIX, caso esse que pode ser importante para o fascinante tema deste capítulo tão instigante?"

Ótima pergunta, meu caro. Pensando bem, acho que dá, sim.

Pensemos um pouco em Hans Guido von Bülow, o compositor de peças românticas para piano como *Iphigenie in Aulis Rêverie Fantastique* e *Tarantella Valse Caractéristique*. Embora as suas composições sejam muito apreciadas, von Bülow ficou famoso por duas outras coisas:

1. Empunhando a poderosa batuta. Ele foi um dos primeiros maestros "virtuoses" a acrescentar, extravagantemente, o seu imprimátur às obras que regia. Suas interpretações de Richard Wagner são consideradas particularmente sensíveis.
2. Sem a poderosa batuta. Sua esposa, Cosima, abandonou-o e fugiu com Wagner.

No entanto, mesmo sendo um dos cornos mais proeminentes da Europa, von Bülow era um homem poderoso, influente, a cujo reconhecimento musical muitos jovens compositores aspiravam. Contam que, um dia, o maestro concordou em ouvir a composição de um rapazinho ambicioso, cujo nome ficou sem registro na história. Von Bülow, que não esperava grande coisa, ficou assombrado ao ver o garoto ao piano, tocando um magnífico trecho musical após outro. Ficou assombrado principalmente porque todos os elementos melódicos eram inteiramente plagiados de outros compositores da época. No entanto, ao terminar de tocar, o estudante, cheio de expectativa, olhou para Bülow e perguntou, "Maestro, o senhor gostou?"

Von Bülow respondeu afirmativamente: "Claro que sim. Aliás, eu sempre gostei".

NÃO POSSO ACREDITAR QUE NÃO SEJA CALÚNIA!

Eu recordo essa história de von Bülow por três motivos. Primeiro, a questão da originalidade geralmente é importantíssima nas decisões publicitárias, e, na indústria, o desprezo pelos que mostram falta de originalidade – ou, pior, certa tendência ao plágio – é praticamente universal.

O segundo motivo é que, como você já deve ter reparado, o ávido plagiário musical em questão não só é anônimo como morreu há aproximadamente cem anos – ao contrário de certos publicitários que estão vivinhos da silva, gozam de uma reputação conquistada a duras penas e contam com a assessoria de ótimos advogados. Portanto, faça o favor de anotar: nos exemplos que ilustram este capítulo, ninguém está acusando ninguém. Isto aqui não é jornalismo investigativo de publicidade. Ninguém pretende questionar a integridade de ninguém. E, se assim parecer, não devia. Obviamente – quando acontece, por exemplo, de dois comerciais serem praticamente idênticos –, não é obrigatório que um tenha copiado o outro. Coincidências há o tempo todo. *Provavelmente foi um mal-entendido.*

Mesmo assim, se o tema é originalidade, nós temos de partir do princípio de que se trata de um valor que precisa ser preservado acima de tudo, pois, na sua ausência, a criatividade corre perigo, a integridade fica ameaçada e a propaganda acaba sendo mal servida. Não é?

– Em 1986, exibiram em Cannes uma campanha do café Douwe Egberts, da Bélgica (Grey, Europa, Bruxelas), documentando a penosa odisséia de um comprador de café para ir e voltar da Colômbia. No ano seguinte, a campanha da Chiat/Day para o Pathfinder da Nissan mostrou, em seis partes, a aventura de um fictício casal de Chicago viajando pela zona rural. Ah, a tal zona rural ficava na América do Sul. O mapeamento da viagem, acompanhando a trajetória na tela, era exatamente igual ao da série do café.

– Um comercial de 1991 da Chiat/Day para a NutraSweet, intitulado "Blábláblá" – acompanhado de um texto que dizia "Blábláblá"–, era praticamente idêntico a um anúncio de 1989 da Ally & Gargano, para a Dunkin Donuts, chamado "Blábláblá" e acompanhado de um texto que dizia "Blábláblá".

– Um filme de 2000 da DDB, Amsterdã, para a seguradora Central Beheer, mostrava um ciumento motorista de caminhão betoneira despejando o conteúdo do misturador no conversível do homem que ele, equivocadamente, achava que andava cantando a sua mulher. Era parecidíssimo com o comercial de 1998 do *jeans* Route 66, de autoria da K Mart, no qual um ciumento motorista de caminhão betoneira despejava o conteúdo do misturador no conversível de um homem que ele, equivocadamente, achava que andava cantando a sua mulher.

– Mostraram em Cannes um horroroso comercial eslovênio de 1993, da agência Formitas de Ljubljana, para o frigorífico KM. Um provador de comida da corte fingia-se envenenado e, assim, conseguia fazer com que o rei e seu séqüito fugissem espavoridos da mesa; então ele se regalava com o banquete. Quatro anos depois, no *Super Bowl*, o Conselho Nacional de Criadores de Suínos apresentou uma vinheta idêntica, cortesia da Bozell, Chicago. E igualmente abominável.

– Por fim, em 1989, o *Grand Prix* de Cannes foi para a rede nacional de televisão espanhola por causa de um comercial em que um cachorro, com apoio de efeitos especiais, ia a extremos cada vez mais ridículos para chamar a atenção do dono. Dois anos depois a US West lançou o filme em que um cachorro, com apoio de efeitos especiais, ia a extremos cada vez mais ridículos para chamar a atenção do dono.

Mas esses são apenas alguns de muitos exemplos de... ahn... como eu disse, *grandes mal-entendidos*. E acho que a maior parte das pessoas criativas tende a olhar para esses mal-entendidos com desprezo ou pelo menos com pena dos envolvidos. Se você, como eu, respeita e valoriza a imaginação crua por trás dos nossos melhores comerciais, no mínimo se retorce na cadeira ao ver gente explorando as idéias dos outros. Por exemplo, a moça da RP da Martin Agency me enviou o comercial da US West de Richmond, Virgínia. Dois dias depois, como o pessoal de RP costuma fazer, ela me telefonou, perguntando:

"O material chegou?"

Não havia necessidade de responder. É óbvio que o material tinha chegado. O material sempre chega. O que ela realmente queria saber era se eu havia aberto o embrulho, assistido ao videoteipe e gostado dele.

"Chegou."

"Você gostou?"

"Eu sempre gostei", foi a minha resposta.

Pelo jeito, a moça da RP, profundamente ignorante na área do romantismo musical alemão do século XIX, não entendeu a alusão – assim como nem mesmo um décimo de 1% dos espectadores do filme da US West percebeu o grande mal-entendido que ele na verdade era. O que suscita a seguinte pergunta: então foi um mal-entendido ultrajante? Faz alguma diferença se a idéia for roubada na floresta, sem que ninguém veja?

Não é uma pergunta retórica. E eu posso respondê-la. A resposta é não. Desde que não haja intersecção de públicos, não há absolutamente nada que impeça uma idéia que tenha funcionado – ou mesmo fracassado – na Espanha de ser apropriada e importada para cá.

Eu acho provável que Deus tenha razão em muita coisa. Não matarás, a não ser em situações extremas, como no supermercado quando uma pessoa entra na fila do caixa rápido com dezesseis itens no carrinho e um talão de cheques na mão. Não adorarás falsos ídolos, nem mesmo Springsteen. E é claro que se deve honrar pai e mãe, pois, sem eles, você não teria nenhuma das neuroses que o tornam tão especial. Mas com essa história de "Não roubarás"... bom, ahn, querido Senhor, fazei-me um favorzinho. Tende a bondade de dar uma olhada num comercial de 1996 da Bartle Bogle Hegarty, de Londres, para a colônia Lynx, da Faberge, e então explicai o que é *roubo*. Porque raramente uma propaganda de televisão de sessenta segundos fica devendo tanto a tantas fontes.

O cenário é uma festa chique, repleta de grã-finos emperiquitados e com muitos *closes* de grande-angular para acentuar os aspectos grotescos. Tem elementos de Fellini e doses iguais de *Perdidos na noite*, *A primeira noite de um homem* e *Memórias*. O herói é um rapazinho solitário e deslocado, tentando inutilmente fingir que está à vontade. Pouco antes, ele pôs o *hors d'oeuvre* na boca, mas, achando a gororoba intragável, cuspiu-a ao estilo de Tom Hanks em *Big – Quero ser grande*. A seguir, nós o vemos como o próprio e desengonçado Woody Allen que, querendo paquerar uma beldade, se encosta distraidamente num manequim que lhe parece que vai agüentar o seu peso. Não agüenta. Para não cair, ele dá um salto ridículo, se bem que manjadíssimo: exatamente como o inspetor Clouseau de Peter Sellers. Humilhado, o rapazinho vai se recompor no banheiro e acaba achando um frasco de colônia Lyns. Borrifando-a no corpo, transforma-se repentinamente num verdadeiro Jim Carrey, até o cabelo fica igualzinho ao do galã. Tudo ótimo, tudo muito bem feito – por mais que a gente já o tenha visto em outro lugar. Sendo que a familiaridade dos efeitos cômicos não tinha nenhuma vantagem sobre a familiaridade da estratégia. O próprio estilo auto-irônico e a premissa hiperbólica do comercial eram um plágio direto da colônia masculina norte-americana Hai Karate dos anos 60. A mesma irônica pretensão de irresistibilidade instantânea, a mesma idéia de extravagância, o mesmo tudo.

Roubo? Plágio? Esse anúncio explorou à vontade tudo quanto havia na mídia. Sem prejudicar ninguém, muito menos a Faberge. A colônia Lynx vendeu como só Deus sabe.

VOCÊ É PARENTE MINHA, GAROTA

Vamos examinar três das mais badaladas campanhas dos últimos quinze anos, todas elas vencedoras tanto no mercado quanto em Cannes. A primeira, da Maxell, ganhou o *Grand Prix* de 1990. Mostrava um valentão inglês de blusão de couro, cabelo espetado, com um monte de letreiros nos braços. A trilha sonora era "Into the Valley" da banda *punk* Skids. Enquanto a música tocava, o sujeito dançava e virava cada um dos letreiros que "traduziam" a letra difícil de entender.

> *Into the valley*
> *Peas sure sound divine.*
> *Sissy suffered you*
> *But who can viv iron?*

The soldiers go marching
There's masses of lamb.
Whose disease is cat skin?
The picture in Hugh's toe

Ahoy, ahoy, Len see a sty.
Ahoy, ahoy, barman and soda
Ahoy, ahoy, juicy men embalmed her.
Ahoy, ahoy, lung nearly gave. *

Era de morrer de rir, não tanto pela esquisitice da letra do Skids, e sim porque, como o espectador ia percebendo aos poucos, a transcrição estava toda atrapalhada. "Whose disease is cat skin... *Juicy men embalmed her*" [Qual é a doença do pêlo do gato... *Homens forçudos a embalsamaram*]??? Ninguém escreveria uma bobagem dessas para sair gritando por aí. Essa era a idéia. O cara estava com tudo errado. Evidentemente, o engraçado era o fato de ele não conseguir entender a letra porque não estava ouvindo a música numa fita cassete Maxell. Mas a piada se apoiava na famosa ininteligibilidade das letras de *rock*. (Por exemplo, um caso análogo, recordado durante muitos anos, foi o de uma letra de Herman Hermits, que dizia "Seven days of the week, baby juicebone" [Sete dias por semana, meu bem, suco de osso], quando, na verdade, o verso era "Seven days of the week *made to choose from*" [Sete dias na semana para escolher um]. Do mesmo modo, até muito recentemente, eu achava que o grande sucesso de Archie era assim "Sugar, aw honey, honey. You are my kin, girl, and you got me wantin' you" [Meu docinho, oh, meu bem, meu bem. Você é parente minha, garota, e é por isso que eu te desejo]. Palavra que eu não conseguia entender por que um conjunto de *rock* formado por personagens de gibi tinha resolvido enaltecer o incesto. Mas, enfim, depois de mais de trinta anos de confusão, a minha filha, então com treze anos, teve a gentileza de me informar que a letra dizia "You are

---

* No vale / O barulho das ervilhas é divino / A bichona agüentou você / Mas quem agüenta ferro viv / Os soldados vão marchando / Há massas de carneiro. / Qual é a doença do pêlo do gato? / O retrato é do dedão de Hugh // Ahoy, ahoy, Len vê um chiqueiro. / Ahoy, ahoy, barman com soda / Ahoy, ahoy, Homens forçudos a embalsamaram. / Ahoy, ahoy, o pulmão quase deu.

my *candy* girl..." [Você é o meu caramelo, garota...]). E esses são dois grupos para pré-adolescentes. A turma do ácido, os metaleiros e os *punks* são mais obscuros ainda.

Aliás, para que não fique sem registro, a verdadeira letra do Skids era a seguinte:

Into the Valley
Betrothed and divine
Realizations no virtue
But who can define
Why soldiers go marching
Those masses a line
This disease is catching
From victory to stone

Ahoy! Ahoy! Land, sea and sky
Ahoy! Ahoy! Boy, man and soldier
Ahoy! Ahoy! Deceived and then punctured
*Ahoy! Ahoy! Long may they die.**

Ah, bom, uma música contra a guerra. Quem ia adivinhar? Só escutando-a numa fita Maxell.

Pois bem, mais um exemplo: exatamente dez anos depois, o *Grand Prix* de Cannes foi para uma singular e louvável campanha da cerveja Budweiser. Apresentava quatro amigos, cada qual muito à vontade no respectivo apartamento, numa tarde de domingo. Um telefonava para o outro, mas a conversa se limitava a três palavras, "*What is up?*" ["E aí, meu?"] Só que eles não diziam "*What's up?*" Faziam era uma prolongada contração: "*Whassssuuuuuup?!*" Os personagens eram todos negros, e o efeito cômico se enraizava num espasmo exagerado, consciente e brincalhão do "inglês dos negros norte-americanos".

---

* No Valley / Noivo e divino / A percepção não é virtude / Mas quem pode definir / Por que os soldados vão marchando / Essas massas em fila / Essa doença contagiosa / Da vitória à sepultura // Ahoy, ahoy, terra, mar e céu / Ahoy, ahoy, menino, homem e soldado / Ahoy, ahoy, enganados e depois cravejados / Ahoy, ahoy, que morram durante muito tempo.

46 OS 10 MANDAMENTOS DA PROPAGANDA

Seis meses antes, quando a campanha foi lançada, eu lhe dei três das quatro estrelas da minha coluna, explicando, "A equipe da 'Ad Review', o único encrave branco fora da Letônia, não entendeu bem a coisa, mas desconfia que é muito engraçada... com um grande potencial para virar uma expressão corrente".

Muito bem, eu acertei e errei. *"Whasssup?"* era mesmo uma expressão engraçada. Aliás, tão engraçada que não tardou a estar na boca de qualquer norte-americano normal, do sexo masculino, com mais de quatro anos de idade. Decerto merecia mais do que três estrelas. Além disso, acabei percebendo que a equipe da "Ad Review" não é o encrave mais branco fora da Letônia. Há reuniões do Ku-Klux-Klan com mais diversidade racial (ainda que menos sofisticadas). No entanto, durante toda uma semana de junho de 2000, em Cannes, os delegados de todas as nacionalidades, idiomas e culturas punham a língua para fora para exclamar/vomitar, *"Whasssup?"* Embora nenhum delegado letão estivesse presente, dois finlandeses me disseram isso em estéreo, no Hotel Martinez, sem que ninguém os incitasse e com apenas onze coquetéis *per capita*. Pois foi *isso* que aconteceu: o comercial não era uma piadinha "interna" da cultura negra, e sim uma expressão universal da eloqüente inarticulabilidade masculina. Aquilo que as mulheres conseguem fazer com um doce sorriso, os homens, balançando a cabeça num gesto amigável, fazem com uma saudação perfunctória. Não se trata de meras palavras e gestos, trata-se de cumplicidade.

"Whasssup?" (ou "E aí, meu?") não significava "Você tem alguma novidade importante para contar?" Significava "Você é meu amigo e, se estiver fazendo alguma coisa interessante – sendo que "interessante" é assistir a um jogo de futebol e enxugar latinhas de cerveja" –, eu topo fazer com você".

Portanto – e ao contrário, digamos, da "gorda" campanha da Miller Lite –, esse comercial entendeu perfeitamente o seu público-alvo. E mais, o diretor/ator Charles Stone e os seus colegas estavam maravilhosos no papel de "povão" – especialmente o próprio diretor, que soube manter uma careta cabúqui de vidrada concentração no evento esportivo até que o *"Whatsssup"* começou a circular, ocasião em que ele se animou e ganhou carisma. E mais, tudo isso aconteceu sem as piadas óbvias e geralmente vulgares do tipo "Só Para Homens".

E mais, o filme é simplesmente irresistível.

Foi isso que mudou a maré da escolha do júri. Sabe-se que houve alguma discordância entre os que reconheceram os paralelos da campanha com um comercial brasileiro de três anos antes, da cerveja Brahma, que também continha espectadores de futebol telefonando – não para gargarejar "Whatsssup?", e sim para sibilar "Tsssssssssssss" (o ruído da cerveja Brahma ao ser aberta). Mas não houve problemas. "Whatsssup?!" levou o *Grand Prix*.

Por último, vamos ao famoso coelho da pilha Energizer. Eu me lembro da primeira vez em que vi essa campanha do mesmo modo como me lembro do assassinato de John Kennedy. Foi em 1989. Eu estava em Tupelo, Mississippi, a terra de Elvis Presley, assistindo à televisão num indefinível Hilton. Apareceu na tela um comercial do Nasatene Mist, um descongestionante nasal. Começava com um pobre coitado no jardim, cheirando as flores que a filha acabava de comprar e gemendo com tristeza, "Oh, esta minha sinusite!" Então vinha o indefectível apresentador com guarda-pó de laboratório para elogiar o produto anunciado: "Só Nasatene contém Muconol, o patenteado..."

Ora, tenha a santa paciência. Eu cheguei a rosnar, na cama, para a falta de originalidade da construção do comercial. A marca era nova para mim, mas o formato me era tão familiar que parecia que tinha sido parafusado numa linha de montagem de anúncios de remédios sem receita médica. "Não acredito que alguém consiga ganhar dinheiro para produzir uma porcaria dessas", eu disse comigo. Mas, logo a seguir, eis que o coelhinho cor-de-rosa das pilhas Energizer invade a cena com o seu tambor e, atravessando o falso comercial do "Nasatene", segue em frente, sempre em frente.

Não tenho certeza, mas acho que foi a primeira vez que aplaudi de pé um comercial de televisão. É, eu, de cueca, de pé na cama – meus rijos tendões vibrando, a ventilação excessiva do quarto de hotel a me agitar heroicamente o cabelo, a minha pizza de dezessete dólares pulando no colchão feito lancha de corrida em mar encrespado –, batendo palmas e gritando de entusiasmo. Porque era brilhante. Porque eu, o Sr. Crítico Especializado, tinha caído como um patinho. Parabéns!

A admiração durou pouco: o mundo da mediocridade publicitária me transportou imediatamente do sublime ao ridículo. O anúncio se-

48 OS 10 MANDAMENTOS DA PROPAGANDA

guinte era de um café chamado Tres Cafe. Uma dona de casa de trinta e poucos anos entretinha uma visita, num dia chuvoso, com um comentário absurdo sobre o sabor do café. Uma coisa tão genial seguida de tamanha banalidade. Era de entorpecer a mente. Por um brevíssimo momento, cheguei a acreditar que a propaganda tinha, realmente, a capacidade de se erguer a grandes alturas, mas lá estava ela, no anúncio imediatamente seguinte, chafurdando no clichê mais imbecil.

Então o coelhinho se intrometeu.

Poxa! Engambelado duas vezes em vinte segundos! Portanto, eu tornei a gritar, quase sem dar muita atenção ao comercial seguinte, do vinho Château Marmoset. Mas, quando registrei o que estava se passando, senti subirem uma vez mais os humores da repugnância diante daquela imitação escandalosa da campanha de Orson Welles dos vinhos Paul Masson – repugnância outra vez interrompida, para o meu assombro e a minha satisfação, pelo coelhinho de corda cor-de-rosa. Isso mesmo: três vezes seguidas, a Energizer me fez de bobo. O resultado imediato foram as raras quatro estrelas da "Ad Review". A conseqüência a longo prazo: um fenômeno publicitário que rendeu mais de 115 comerciais em doze anos.

Entretanto, a campanha não ganhou em Cannes, aquele ano, devido a um pequeno escândalo. O júri soube de uma propaganda parecida, da cerveja Carling Black Label, feita três anos antes no Reino Unido. Nela, a ação de um comercial invadia dois falsos comerciais subseqüentes de falsos produtos.

Tudo bem: o conceito criativo era idêntico. Pouco importa que os anúncios da Energizer fossem muito mais bem produzidos e que a piada fosse muito mais pertinente no caso das pilhas ("Duram muito, muito") do que no da cerveja. Na verdade, como ainda vamos ver no capítulo 3, no comercial da Carling, o truque não passava de uma idéia inteligente em busca de um patrocinador. Na campanha da Energizer, era uma metáfora perfeita da proposição de vendas central. Mas não adiantou. O coelho foi considerado excessivamente derivativo da Carling e sumariamente eliminado do *Grand Prix*.

Então quem ganhou aquele ano? A Maxell. O que não deixa de ser interessante, pois não era menos derivativa do que a Energizer. A própria idéia de um apresentador mudo, mostrando letreiros, era roubada de *Don't Look Back* [Não olhe para trás], um documentário de D. A. Pennebacker, de 1965, sobre Bob Dylan. Na seqüência de abertura, Dylan ficava no centro da tela, exibindo a letra transcrita de "Subterranean Homesick Blues". Ah, sim. Vai ver que o estatuto de restrições tinha expirado. (Por que olhar para trás?) A coerência dos princípios éticos nunca foi o lado forte da indústria publicitária. Em 1987, em protesto contra o *apartheid*, certos jurados de Cannes largaram as taças de Moët nas suítes de novecentos dólares por dia, saíram do hotel e foram ao Palais des Festivals dar zero, arbitrariamente, a todos os trabalhos das agências sul-africanas, excluindo da competição a totalidade dos inscritos. Exatamente uma década depois, aparentemente ignorante das violações de direitos humanos cometidas pela maior ditadura do mundo, o festival aplaudiu de pé a delegação da China. Nessa comunidade, o ultraje é uma questão de conveniência, e, como se cantou por aí, ninguém precisa ser meteorologista para saber para que lado o vento sopra.

Em 2000, Cannes não se limitou a acolher o "Whasssup?!", dispondo-se a desconsiderar a campanha precursora da Brahma; o júri também achou conveniente deixar de lado a gênese do "Whatsssup?!" A vinheta não começou como propaganda da Budweiser; começou como um curta-metragem usado como spec piece pelo diretor Charles Stone. Alguém da DDB viu o filme, uma lâmpada se acendeu em sua cabeça, e o resultado foi a apropriação do conceito para o cliente Budweiser. Não só não era a idéia original como foi roubada de si própria.

Por acaso eu estou dizendo que esse comercial também devia ter sido desclassificado? Não, não, não, não e não. Muito pelo contrário. Estou dizendo que ele mereceu o *Grand Prix* por todos os motivos anteriormente delineados. Era a expressão perfeita de uma experiência universal. Sintonizava-se com o público-alvo. Era inesperado. E divertido. E prendia a atenção. Um grande comercial em todos os aspectos. Que *importa* que já existisse como spec film? Que importa que o coelho da Energizer devesse muito à Carling? O festival deve honrar as realizações criativas – o que não é sinônimo de "nunca feitas ainda". Longe de erigir a originalidade como o valor supremo da propaganda, não tem realmente o menor sentido – a maior parte das vezes – se prender a isso.

Se a propaganda fosse ciência, produção acadêmica, jornalismo ou arte, aí, sim, é claro que isso faria uma grande diferença. Nessas áreas, a essência do trabalho é desafiar as idéias estabelecidas, explorar o inexplorado, ultrapassar os limites, questionar tudo. Se a propaganda tivesse o propósito de comprometer esteticamente o espectador na busca pela verdade universal, se a propaganda fosse um fim em si e tivesse por objetivo principal a expressão do seu criador, a resposta seria perfunctória: autoria significa propriedade. Mas, eu tenho péssimas notícias para aquela gente vestida de preto: os criadores de propaganda não são artistas, nem *auteurs*. São homens de negócios – ou pelo menos deviam ser. A sua tarefa não é explorar o inexplorado. É *vender* mercadorias. E achar um meio atraente de transmitir a mensagem do cliente a um público cético e, por vezes, hostil.

Não é ser original.

Para que se curvar diante desse altar? A não ser a pessoa que foi original, quem liga para a originalidade? Quem disse que o consumidor reage à novidade na propaganda? Garanto que ele é quem menos se preocupa com isso. A igreja que os empregados de agência devem freqüentar não é a Igreja da Originalidade, e sim a Igreja da Inventividade – encontrando soluções inteligentes, compreensíveis e, sim, às vezes preexistentes, para aquilo que é fundamentalmente um problema de comunicação. Seja o objetivo a imagem de marca, o significado da marca, a identidade da marca, a comparação da marca, o reposicionamento da marca ou o que for, a propaganda existe para comunicar. Ninguém é contratado para fazer uma coisa nova. Novidade, com muita freqüência, é a camuflagem da incapacidade de resolver o problema à mão. O coelho da Energizer não era brilhante por ser original. Era brilhante porque estava certo. Ou seja, se você faz tanta questão de novidade, posso sugerir o *Livro Guinness de Recordes Mundiais*? Acho que o Malabarismo Subaquático com Bola de Boliche está à disposição de quem quiser se aventurar.

SE OVÍDIO COBRASSE DIREITOS AUTORAIS...

Calma aí. Segure as pontas. Sossegue. Eu não estou propondo o plágio nem a derivação nem mesmo a propaganda que se repete. Tampouco quero diminuir a novidade publicitária, desde que o documento resultante tenha um grande sucesso como propaganda. É óbvio que a "*Lemon*" e a "*Think Small*" ["Pense pequeno"], da Volkswagen, representaram um modo sem precedentes de vender carro. "1984" foi um modo sem precedentes de vender computador. "*Just do it*" foi um modo sem precedentes de vender tênis (já que antes os fabricantes de calçados desportivos diziam efetivamente aos consumidores potenciais, "Por que você não tira esse traseiro gordo da cadeira?"). São produções monumentais que devem grande parte da sua transcendência ao fato de que tais abordagens ainda não haviam sido experimentadas. Não tiveram sucesso por serem originais; tiveram-no por serem inteligentes. Mas seria hipocrisia dizer que a surpresa dos seus conceitos não fez parte do impacto.

Além disso, nenhuma das palavras acima visa aceitar a noção simplista de que *toda* idéia sempre existiu, de que "Não há nada de novo sob o sol", truísmo que ninguém jamais contesta, muito embora seja patentemente falso. Claro, sempre há um espírito de porco convencido de que, no século XVI, Nostradamus previu a clonagem de ovelhas, o ataque ao World Trade Center e o "Fator Medo". Sempre há um chato asseverando que seu tio-avô Ezequiel praticamente concebeu a ressonância magnética em 1883, ao ajudar no parto de um bezerro. E, naturalmente, com base apenas nas conversas que venho tendo com o pessoal de propaganda ao longo dos anos, há literalmente milhares de autores e co-autores do "Think Small". A despeito das platitudes ingênuas, o fato é que o sangue vital do progresso está em toda a gama da inovação do empreendimento humano.

Por outro lado, a derivação sempre foi um fato da vida criativa. Shakespeare, ao qual vamos continuar nos referindo neste livro, tinha uma dívida enorme com Sêneca, Plauto, Plutarco, Marlowe, Ovídio e com a Bíblia. Não sei quais são os juros dessa dívida, mas pode-se dizer que, se não tivesse morrido, Ovídio seria riquíssimo.

Isso leva ao terceiro e último motivo pelo qual eu optei por iniciar este capítulo com o caso de Bülow. O jovem protegido do maestro roubou de todos os que ele pôde imaginar. Em períodos mais recentes, George Harrison roubou a melodia de "My Sweet Lord", Eddie Murphy roubou a idéia de *Um príncipe em Nova York*. O senador Joe Biden roubou a metade dos seus discursos de campanha presidencial. E, cá entre nós, que comentarista não toma emprestada uma ou outra citação incisiva? E, por falar na história de Bülow, eu *a* roubei de um livro intitulado *The Book of Anecdotes* [O livro dos casos], publicado pela Little, Brown & Co. e disponível em qualquer boa livraria perto de você.

Portanto, não conceba essas coisas como "roubo", já que "roubo" é uma palavra feia. Conceba-as como as concebe qualquer publicitário que se preze: como algo novo e aprimorado.

CAPÍTULO **3**

A PROPÓSITO DE ALGO

Já, já: importantes lições de propaganda. Antes, porém, vou explicar o propósito de toda literatura.

A escrita lida com significado. Dos romances à não-ficção, do teatro inglês da Restauração ao mais recente lançamento da Paramount, ela existe para falar acerca de algo – posto que não necessariamente "acerca" do que ela fala nominalmente; não estou me referindo ao enredo, nem mesmo a um conjunto de fatos básicos. Estou me referindo ao seu propósito. Tem de haver uma razão para alguém contar uma história, a qual tem de ter uma razão para ser contada. Essa é a essência da literatura, e, como tal essência costuma ser explicada por professores do ensino médio de mérito duvidoso, usando currículos bizarramente inacessíveis, para adolescentes confusos e um tanto indiferentes, quase ninguém a entende. É por isso que, quando a gente arrisca o lugar-comum "Eu não vou ao cinema em busca de mensagem, vou para me divertir", quase todo mundo concorda em gênero, número e grau. E é por isso que tanta porcaria imprestável, como *Independence Day* e *Titanic*, acaba sendo um estrondoso sucesso de bilheteria.

Mas a "mensagem" não tem nada a ver com isso. Nós vivemos num país em que moleques de cinco anos lêem fábulas esopianas repletas de lições de moral e, depois, só voltam a entrar em contato com a literatura aos dezesseis, quando lhes enfiam goela abaixo um Nathaniel Hawthorne ou qualquer outro escritor densamente alegórico e os atormentam para que adivinhem "que diabo o autor quis dizer". Não admira que os Estados Unidos sejam um país de palermas sem um pingo de imaginação. Que importa o que o autor quis dizer? A questão é: qual foi a nossa experiência? De que modo a história se refletiu em nós, ressoando aqui dentro? Como ela se relaciona com a nossa compreensão do Universo, da sociedade ou simplesmente de nós mesmos? Em suma, até que ponto tem pertinência?

É justamente por isso que, ao introduzir o romance norte-americano, as escolas deviam excluir *A letra escarlate*, substituindo-o por *O apanhador no campo de centeio* –, assim, quando o professor perguntasse "Sobre o que é?", os alunos poderiam responder com duas palavras: "alienação adolescente". E ficariam fascinados ao ver que a angústia que Holden Caulfield sofre naquele colégio chique, "metido a besta", é impressionantemente parecida com os próprios sentimentos deles. E compreenderiam num instante a universalidade da experiência humana e que a literatura não manda "mensagens", mas prodigaliza histórias e personagens que nos dão uma percepção do nosso frágil e torturado eu. Portanto, é isso: o programa devia começar com J. D. Salinger. E, se dependesse de mim, passaria logo para Shakespeare, que, de uma hora para outra, já não ia parecer tão obscuro ou difícil. Ou seja, você *leu* os sonetos do primeiro capítulo? Para um falecido, até que ele sabe direitinho o que faz a gente palpitar. Quanto a Hawthorne, bem, em termos de despertar o gosto pela literatura nos adolescentes, pode ficar para depois. Para muito depois. Pode ficar para o dia de São Nunca.

Pois bem, era o que eu tinha a dizer sobre literatura. É óbvio que a propaganda não tem a responsabilidade de tanger as cordas da humanidade compartilhada. (Embora às vezes o faça muito bem. Há mais de vinte anos que os comercias da McDonald's fuçam o relacionamento dos pais com os filhos pequenos, captando saborosamente a alegria/exasperação de sondar uma mente de quatro anos. Muitas propagandas terríveis são terríveis porque pretendem ser artísticas, presunçosamente artísticas. Com o tempo, Leo Burnett e a DDB criaram uma espécie de arte sem fazer nada além de tentar vender hambúrgueres.)

Pensando bem, a propaganda é o equivalente da literatura. Também fala *sobre* algo, mas, ao contrário da arte, tem a responsabilidade de transmitir uma mensagem explícita quase que 100% do tempo. Assim como a alegoria é um pequeno subconjunto da escrita literária, o mérito artístico – a McDonald's ou (tenho certeza de que você prefere) "1984" – é um pequeno subconjunto da propaganda. Nesse negócio, e, por favor, não esqueça que se trata de um negócio, o que conta é a mensagem. Essa mensagem pode ser os benefícios que a marca oferece, a imagem que projeta, os valores que incorpora ou os problemas que soluciona. Seja o que for, todo anúncio publicitário é obrigado – não apenas *deve*, é *obrigado* mesmo – a se harmonizar com o consumidor-alvo. É disso que se trata. Nesse aspecto, o gênio do McDonald's é duplo, porque nós gostamos das adoráveis vinhetas com, por exemplo, pré-adolescentes batendo papo no banco traseiro do carro ou fazendo compras de Natal no *shopping* ou sendo acordados por uma criança pequena, às quatro da madrugada, para ir comer um McLanche Feliz, e ficamos agradecidos porque o anunciante compreende a nossa vida, mas principalmente porque essas historinhas perpetuam, realisticamente, a premissa de venda fundamental de que uma visita ao McDonald's com os filhos tem uma magia muito própria – o que, infelizmente, é verdade.

Mas não é preciso recortar as fatias mais pungentes da existência humana para se preocupar com significado e relevância. Se a principal missão é enviar mensagens, há infinitas possibilidades de cumpri-la, desde a *hard-sell* (propaganda comparativa) até o humor sutil ou o humor escrachado ou a demonstração do produto ou o apelo sentimental do *jingle*. Geralmente, tudo depende do caminho que você escolher, contanto que esse caminho seja razoavelmente reto e desobstruído. Assim como a mensagem é necessária, é necessária uma relação clara entre a mensagem e o mensageiro. Essa responsabilidade vale para todos os gêneros.

Hoje em dia, infelizmente, uma estarrecedora porcentagem das propagandas está extremamente comprometida com a *incongruência*: "grandes idéias" entregues mais ou menos a esmo ao primeiro cliente disposto a comprá-las; apresentadores célebres que não acrescentam à discussão nada além da sua cara famosa; efeitos digitais extravagantes empregados não para resolver um problema de narração, mas presentes por si sós; piadas engraçadíssimas anexadas não se sabe por quê, sem falar no mero valor entretenimento ligado a mensagens demasiado elusivas ou até inexistentes. É uma peste. Uma *peste*, garanto. E os exterminadores parecem estar dormindo no... no... (Eu ia dizer "no ponto", mas esta é uma metáfora de taxistas que não combina com a minha viva analogia de erros e defeitos, a qual, no momento, não estou disposto a abandonar. Como não consigo imaginar onde os exterminadores hão de estar dormindo em serviço, é melhor deixar a imagem de lado, por ora, e falar em Manny e Sol.)

A PIADA DA MEMÓRIA

Sol deu um tapinha consolador no ombro do amigo. "Manny, eu entendo perfeitamente a sua situação. Tive o mesmo problema. É um horror. Mas consultei esse médico. Ele tem um sistema fantástico – uma simbologia, um esquema de associações, sei lá que nome dar a isso. O que eu sei é que a minha memória está como quando eu tinha 25 anos".

"Caramba, Sol", diz Manny, "eu topo qualquer coisa. Qual é o nome desse médico?"

Sol estremece, "O nome dele? Bom, o nome dele... Peraí, eu tenho de pensar numa planta, numa flor. De haste comprida. É uma flor muito bonita – de pétalas vermelhas, isso, de lindas pétalas vermelhas. E a haste é cheia de espinhos... uma... uma rosa! Isso mesmo, rosa. Rosa. Rosa". Então ele se vira para a porta da cozinha e grita: "Rosa! Qual é o nome do médico?"

Essa é uma das minhas piadas prediletas. Ao contá-la, eu dou a Sol um leve sotaque iídiche, que, sei lá por que, a torna mais engraçada ainda. Além disso, quando a gente a conta pessoalmente, convém fazer uma pequena pantomima com a descrição da rosa, coisa que, sem dúvida, aumenta a graça. Quem a contou para mim, há uns oito anos, foi um cara chamado Doug Berman, que a conta muito bem, mas – modéstia à parte – não tanto quanto eu.

Ótimo, mas onde é que a gente estava mesmo?

Ah, sim: nas várias maneiras de transmitir uma mensagem. Agora eu me lembrei. Bom, como o humor passou a dominar a propaganda no mundo inteiro, podemos começar por aí. E o que é melhor do que o Federal Express?

A obra clássica do Federal Express, do diretor Joe Sedelmaier para a Ally & Gargano, na década de 1980, era de morrer de rir. Fosse o homem que falava depressa, John Moschita, mantendo quatro conversas telefônicas ao mesmo tempo, fosse qualquer um dos explorados pobres-diabos, a marca registrada de Sedelmaier, incapazes de enviar prontamente uma encomenda do ponto A ao ponto B, a propaganda do FedEx sempre foi de rir às gargalhadas. Ao mesmo tempo, era absolutamente impossível perder de vista a mensagem: se for pela Federal Express, a sua encomenda chega amanhã *sem falta*. Cada fotograma de cada anúncio falava no valor desse serviço para o público-alvo.

Na igualmente clássica campanha dos charutos Hamlet, da Collet Dickinson Pearce, de Londres, apareciam uns pobres pés-frios cujo mundo desmoronava perpetuamente ao seu redor. A mais engraçada e famosa mostrava um baixinho ridículo, numa cabine fotográfica, tentando inutilmente esconder a careca com o que lhe restava de cabelo lateral para sair bonito no retrato. Mas a câmera sempre disparava na hora errada, sem lhe dar tempo de posar. O que isso tinha a ver com charutos? Nada e tudo – porque, na verdade, o comercial sobre as frustrações na cabine fotográfica dizia que, neste mundo mau e traiçoeiro, a única coisa com que a gente sempre podia contar era o relaxamento pós-catástrofe de um charuto Hamlet.

Em 2001, apareceu uma propaganda da Heineken intitulada "A barreira da dor". Mostrava um sujeito numa festa, enfiando a mão num barril cheio de gelo em busca de uma cerveja; ele jogava fora as latas de cerveja nacional comum até que, depois de vinte agonizantes segundos, finalmente conseguia fisgar uma garrafa de Heineken. Com o prêmio grudado na mão congelada, ia ter com os amigos, todos eles com a mão igualmente congelada. Como a maioria das comédias observacionais, essa era engraçada porque não requeria nenhuma explicação. Todos os tomadores de cerveja importada podiam narrá-la com uma só palavra.

Esses filmes exemplificam um excelente motivo pelo qual o humor passou a ser a solução de comunicação automática da mensagem publicitária. Com o fim seja de dramatizar as necessidades do negócio, seja de oferecer uma solução modesta para as frustrações, seja de afirmar a idéia de que a cerveja mais cara compensa o sacrifício, cada um desses comerciais consegue ser pertinente para o público que ele quer impressionar, de modo calculado para ser ao mesmo tempo divertido e lembrado. Outros grandes anúncios fizeram a mesma coisa: o "Almôndegas supercondimentadas" da Alka-Seltzer, o "Chegou o leite" da Junta de Processadores de Leite Fresco da Califórnia, o "A melhor época do ano" da Staples,

58 OS 10 MANDAMENTOS DA PROPAGANDA

o "Enterro" da Volkswagen, o "Um elefante nunca esquece" da bala Rolo, o "Cadê o bife?" da Wendy's, o "Pedágio" da Loteria de Nova York e o *Into de Valley*" da fita cassete Maxell. E ainda há a magnífica e hilária campanha "Este é o SportsCenter" da ESPN, da Wieden & Kennedy, Portland, Oregon, que obtém congruência e humor empregando exatamente a mesma divertida irreverência em seus comerciais, que, ao parodiar documentários, não fazem senão caracterizar a sua programação diária de noticiário esportivo.

O problema hoje é que as agências de propaganda perdem tanto tempo e gastam tanto dinheiro do cliente, no esforço de ser divertidas e lembradas, que acabam deixando inteiramente de lado a parte da congruência. Isso leva à longa lista de péssimos motivos da atual epidemia de comédia.

Como traça no guarda-roupa, eles estão em toda parte, esses comerciais cômicos. Em toda parte, e o tempo todo, e alastrando-se – *não* como uma epidemia, pensando bem, e sim como uma doença. Como a gripe ou conjuntivite. (Só que, você sabe... mais engraçados.)

Não que haja algo errado nos comerciais de televisão engraçados, mas, em primeiro lugar, quem disse que é com piadas que a gente precisa abrir caminho rumo à consciência do consumidor? Muitos documentos importantes e persuasivos foram criados, ao longo dos séculos, sem piada nenhuma. A Magna Carta. O Discurso de Gettysburg. A Bíblia (se bem que o Livro de Jó... sim, a gente acaba rindo em alguns pontos). A propósito, acrescente-se a essa lista de não-hilariantes a maioria dos melhores comerciais já criados. Mas, do jeito que andam as coisas, um segmento da propaganda de televisão é uma série de minicomédias, cada uma mais engraçada que a outra, mas todas, a partir de certo ponto, começando a se atropelar e a se privar da própria memorabilidade que, ostensivamente, recomendava a solução humorística. Mas acho que é mais fácil abocanhar prêmios sendo o cara mais engraçado da sala. E talvez esta seja a melhor maneira de o pessoal todo vestido de preto lidar com aquilo que, faz tempo, eu desconfio que é a sua auto-rejeição institucional. Quanto mais engraçados forem os comerciais, melhor eles hão de se convencer – apesar das suas irritantes dúvidas – de que não são camelôs da Madison Avenue vendendo bugigangas inúteis para filisteus, e sim artistas do humor capazes de entreter milhões.

O fato é: não devia haver vergonha na profissão (veja o capítulo 10, "Ide, meu filho, fazei propaganda"). Mas, se o que incomoda os publicitários é o sentimento de culpa, as campanhas multimilionárias são um modo caríssimo de purgá-lo. Por conta do cliente, é claro. Deus abençoe a Indústria da Boa Vontade, mas os maiores patrocinadores da terapia ocupacional são os Leading National Advertisers [principais anunciantes nacionais].

E AGORA UM *NON SEQUITUR* DO NOSSO PATROCINADOR

Eis um exemplo magnífico: um comercial da McCann-Erickson, de Londres, apresentado no Reino Unido no momento em que escrevo: são três irmãos vidrados no penteado afro. Um deles usa cabelo *spray* para disfarçar a incipiente calvície, e isso lhe inspira uma idéia. Por que limitar a africanidade à cabeça? De modo que os caras, todos metidos em ridículas roupas dos anos setenta, borrifam o produto na capota do seu velho Ford, conferindo-lhe um tufo de carrinho afro. A seguir, vão ao lava-rápido e transformam o espesso penteadinho afro num gigantesco afrocarro. A voz em *off* diz: "Isso é que é comportamento sabor integral". O anunciante: Nescafé.

Nescafé. O café instantâneo. Você está começando a entender aonde eu quero chegar?

Ora, o que estou prestes a fazer talvez não seja tão justo assim, pois um exemplo ainda mais fantástico do fenômeno foi criado por uma das agências mais consistentemente inteligentes e capazes – e, aliás, uma das mais engraçadas – que existem: a Goodby, Silverstein & Partners, de San Francisco. Mas a gente não quer que eles fiquem convencidos, certo? Por isso permita-me confrontá-los com uma de suas raras pisadas de bola.

A campanha, de 1999, era para a Sutter Home Winery. Um anúncio promovendo o *cabernet sauvignon* mostrava uma vinheira tão absorta no exame das uvas Sutter Home que nem se dava conta dos agentes federais que se esgueiravam entre as videiras, atrás dela, a fim de capturar um extraterrestre, um elfo e um pé-grande. O outro, do *merlot*, mostrava um vinheiro da Sutter Home passeando na vinha e entre barris de carvalho, encantadíssimo com a delicada complexidade do seu produto. Esse filme tinha absolutamente todos os elementos compulsórios da categoria:

60 OS 10 MANDAMENTOS DA PROPAGANDA

o drama, a luz solar envolta em névoa, a fotografia em câmera-lenta, o doce acompanhamento de cordas e piano a evocar "encantamento". Uma paródia perfeita – graças ao fato de o vinheiro estar tão distraído que tinha vestido a cueca por cima da calça. Depois, no terceiro comercial, um viticultor da Sutter Home aparecia trabalhando no laboratório enquanto o televisor, atrás dele, lampejava as manchetes do noticiário: "Boa noite. Vamos às últimas notícias. A Lua acaba de explodir. Em instantes, a reportagem completa. E na medicina: dois homens trocaram de cabeça com sucesso. Estão passando bem e repousando tranqüilamente. E um cidadão foi atacado por esquilos enfurecidos. Aviso importante: as imagens são impressionantes".

Obviamente, o viticultor não dava a mínima para nada disso, pois, como explicava o letreiro superposto, esta empresa "se concentra exclusivamente no vinho". Então a voz do locutor: "Sutter Home. Preocupada desde 1890".

Hilário, não? E também total, maluca e furiosamente inadequado.

Se a Sutter Home – que vende vinhos baratos da linha varietal – tiver uma missão importante em sua propaganda, há de ser a de persuadir o consumidor de que, mesmo a cinco dólares a garrafa, os seus vinhos são de ótima qualidade. Talvez sejam vinhos para iniciantes, talvez vinhos para o dia-a-dia, mas não são vinhos de mesa. São autênticos. São varietais. São sérios. Essa missão não exige necessariamente que se recorra a clichês como a cueca e outras paródias do gênero. Significa, isto sim, que não convém usar piadinhas – mesmo as mais engraçadas e memoráveis – que sabotem qualquer pretensão à seriedade que você porventura tenha. Por mais que o letreiro proclamasse "Esta empresa se concentra exclusivamente no vinho", a mensagem dizia exatamente o contrário. Era não só incongruente como também anticongruente.

Como eu disse, são exemplos magníficos, mas não exemplos decisivos. O exemplo decisivo, a quinta-essência, a apoteose, é a campanha "Chegou a temporada de futebol americano" – comerciais de televisão frescos, engraçados, sobre essa mania de outono tão peculiar ao nosso país. Nos últimos anos, dezenas de filmes vêm descrevendo os norte-americanos comuns, em situações comuns, que enlouquecem de uma hora para outra quando acontece alguma coisa que lembre o futebol. O meu predileto é ambientado numa sapataria, com o vendedor ajoelhado

A PROPÓSITO DE ALGO   61

diante do freguês, segurando um mocassim marrom ao mesmo tempo em que estende a mão para pegar o outro pé. Uma segunda freguesa observa furtivamente a cena, aproxima-se e chuta o mocassim feito uma jogadora de futebol americano tentando marcar três pontos. O seu olhar desafiante, quando ela se afasta de braços erguidos, é simplesmente impagável.

É uma perfeita jóia humorística, uma comédia de trinta segundos proporcionada pela nossa boa amiga... a Southwest Airlines?

Isso mesmo, a Southwest Airlines, cortesia da GSD&M, Austin, Texas. Eu fico agradecido. Palavra que fico. Os filmes são um barato – ainda que um pouco, sei lá, fracos em termos de viagens aéreas? Aliás, *fraquíssimos* em termos de viagens aéreas; não oferecem absolutamente nada que tenha a ver com viagens aéreas. O mais esquisito é que a Southwest é uma das poucas concorrentes, numa categoria sobretudo genérica, que tem algo digno de nota a dizer. Eles administram um vagão de transporte de gado, mas um vagão de transporte de gado agradável e organizado, e os preços são fenomenais. Além disso, a campanha rival da Southwest – "Agora você está livre para percorrer o país inteiro" – é da mais alta qualidade. Entretanto, os filmes da NFL não só se recusam a ser grosseiros a ponto de dar atenção à extraordinária Proposição de Venda Exclusiva da Southwest como têm a habilidade de evitar a mais remota referência à marca, à categoria ou a viagens em geral. Portanto, a campanha "Chegou a temporada de futebol americano" é o exemplo mais puro da propaganda com valor entretenimento inteiramente gratuito.

Infelizmente, produzem-se anualmente centenas – senão milhares – de comerciais que disputam os louros. Muito embora a maioria deles não tenha tanta graça. Muito embora o espectador geralmente não se lembre do anunciante. Muito embora, com o tempo, a incongruência seja, na verdade, irritante para o espectador, que não gosta de ficar se perguntando por que ele assistiu ao que assistiu. Tal como a piadinha de Manny e Sol, por exemplo, que chegou a você não se sabe de onde nem por quê. Sem motivo *aparente*. Como um exemplo vívido do entretenimento agradável, mas inútil, a piada da memória pelo menos – 2.059 palavras depois – passou a ter sentido.

MICHAEL JORDAN 2: O FIASCO

Mas veja só: pode ser que você não tenha percebido que, além de ser o Apóstolo Retidão Publicitária, eu faço uma carreira paralela na rádio pública desde o tempo da "Ad Review". Foi assim que fiquei conhecendo Doug Berman, que me contou a piada da memória. Doug é o criador do "Car Talk" e do "Wait, Wait, Don't Tell Me", na National Public Radio (NPR). O meu programa se chama "On the Media", mas, antes de ser um dos co-apresentadores do "OTM", fui durante anos comentarista e correspondente internacional do "All Things Considered". (Portanto, saiba que tenho muita intimidade com Andrei Codrescu, tá?) Mas, como eu ia dizendo, em 1996, fui encarregado de ir a Nashville compor uma música *country* — coisa que fiz em parceria com um compositor então desconhecido chamado Rivers Rutherford, hoje um dos artistas mais aclamados de Nashville. ("Ain't Nothin' Bout You", "Smoke Rings in the Dark" etc.) A nossa canção se intitulava "Tag, You're It" e pretendia incorporar os temas *country* tradicionais à minha sensibilidade do lado de dentro do Anel Viário de Washington D. C. Falava num cara tão ocupado e pretensamente importante que acabava não conseguindo telefonar para a própria namorada, e eu fiquei muito satisfeito com a composição, mas tropecei na má vontade de um executivo de gravadora de Nashville e acabei voltando para Washington com o rabo entre as pernas, mas eis que, no avião, viajei sentado nada menos que ao lado do presidente Jimmy Carter! O presidente — a intersecção viva do Anel Viário com a série de televisão "Mayberry RFD" — adorou a minha música e me pôs em contato com um amigo para que a gravasse, coisa que este se prontificou a fazer especialmente para o meu programa na NPR, e, oh, a propósito, o nome do cara era Willie Nelson.

E, por conseguinte, ante o esplendor de tal celebridade, de repente, você passou a dar mais crédito à minha visão da propaganda, hem?

Não, claro que não. Uma coisa não tem nada a ver com a outra. Decerto essa passagem — tal como a historinha de Sol e Manny — não é senão um *non sequitur* total. Um desvio. Uma diversão. A propósito de nada. Obviamente, assim como não há congruência alguma entre a temporada de futebol americano e a Southwest Airlines, não há congruência alguma entre os nomes famosíssimos que sou capaz de citar *en passant* e o mérito das minhas opiniões sobre os comerciais de televisão. Isso é óbvio para mim, óbvio para você, mas nada tem de óbvio para a confusa maioria, que parece não entender que a magia do apelo à celebridade desaparece se a imagem da celebridade não combinar minimamente com a imagem da marca anunciada.

Por exemplo, a debacle de Charles Barkley/Hyundai.

Como sempre, não é nenhum mistério o que leva as pessoas a contratarem um multimilionário jogador de basquete de dois metros de altura para promover carros então minúsculos. Ele era famoso, uma personalidade que freqüentava as altas rodas, imbuído do "poder de fixação" que os publicitários procuram para impedir o espectador de mudar de canal quando o comercial começa. E mais, na época em que foi contratado, era, provavelmente, o segundo jogador de basquete mais famoso do mundo. O primeiro era Michael Jordan, de longe o garoto-propaganda mais bem-sucedido da história. Emprestando seu nome à Nike, o homem que chegou a ser apelidado de "Air Jordan" primeiro promoveu uma marca, depois se transfigurou na própria e, então, se expandiu a *si mesmo*, enquanto marca, para, quase sozinho, transformar um modesto fabricante de tênis numa indústria mundial arquibilionária. As bolsas de ar embutidas na entressola do tênis Nike para almofadá-lo e (implicitamente) conferir-lhe mais poder de salto coincidiam inteiramente com as próprias acrobacias aéreas de Jordan, que desafiavam a gravidade. E o resto é história de marketing.

Às vezes, o casamento de um produto com um apresentador sai assim, perfeito. Dave Thomas, o fundador da Wendy's, ele mesmo quadrado e antiquado, foi um garoto-propaganda tão ideal dos hambúrgueres quadrados e antiquados da Wendy's que superou os textos predominantemente horríveis e as suas próprias deficiências intermitentes diante da câmera para vir a ser um dos porta-vozes de produto mais bem-sucedidos e benquistos da história, Deus tenha em bom lugar a sua alma de fala simples. Catherine Deneuve foi a garota-propaganda ideal do Chanel nº 5 graças não à sua beleza extraordinária, mas à sua beleza e à sua *elegância* extraordinárias – sendo que a elegância é a essência do sofisticadíssimo charme do nº 5. Pamela Anderson também é um colírio, mas ficaria com cara de boba perto de um frasco de Chanel. Assim como Eleanor Roosevelt ficaria parecendo boba perto de um tablete de margarina Good Luck, e assim como Charles Barkley – famoso ou não – ficou parecendo bobo perto de um Hyundai.

Aliás, não só bobo. Um despropósito. Para que ninguém acreditasse nele.

Nada pior do que gastar milhões e milhões de dólares para que não acreditem na gente. No entanto, o fato é que, quando um anunciante exibe uma celebridade que cria dissonância cognitiva com a marca que ela pretende endossar, o poder de fixação é imposto não à atenção, e sim à credulidade do espectador. Não só fica dolorosamente óbvio que a cara famosa foi comprada para a ocasião como o espectador pára de ver a cara e passa a enxergar somente a transação – que não se reflete em ninguém. Não fosse pelo cheque enorme que recebeu, Charles Barkley jamais sentaria o traseiro enorme num Hyundai, e todo mundo sabe disso. Enquanto a campanha estava no ar, os *showrooms* da Hyundai eram os lugares mais desertos do mundo.

No entanto, isso acontece o tempo todo: celebridades contratadas não para apoiar uma idéia publicitária, mas para substituir a idéia publicitária, corporificações vivas da falta de imaginação. E eu não tenho medo de dar nomes aos bois.

E vou dá-los. Agora mesmo.

Se bem que não é tão fácil quanto parece, pois tais anunciantes são mais ou menos esquecíveis por definição, não é mesmo? Portanto... ahn... espere um pouco... *Ei, Rosa, qual é o nome do patrocinador?*

Ah, sim: Samsung.

Em 1998, a Samsung Telecommunications of America, por intermédio da Arnell Group de Nova York, reuniu uma verdadeira legião de conhecidos rostos de celebridades da lista "B". Joan e Melissa Rivers, a dra. Ruth Westheimer, a apresentadora da MTV Daisy Fuentes e – talvez porque Charles Nelson Reilly não estivesse disponível – Dom DeLuise.

Joan "Can We Talk?" Rivers era a única com alguma relação aparente com o produto, um telefone celular. A dra. Ruth naturalmente fazia tempo que era carta fora do baralho, mas persiste no olho do público como uma conjuntivite recorrente. Quanto a DeLuise, bem, isso é o que acontece quando a temporada teatral de verão termina e "Hollywood Squares" não telefona. Não estou querendo dizer que a Samsung devia evitar as celebridades, mas o requisito mínimo é (ahá) UMA CONEXÃO

CLARA entre a personalidade e o produto. Bob Newhart teria servido. A dra. Laura Schlessinger. Ora, até mesmo os Jerky Boys. Esse, sim, é o tipo de gente fácil de imaginar usando o telefone.

E também pode ser pior. Em 1998, Tommy Hilfiger, o *designer* de artigos esportivos, e a Deutsch de Nova York contrataram o comediante Michael Richards – só Deus sabe por que motivo e só Deus sabe a que preço – para se vestir de *drag* num comercial de trinta segundos da Super Bowl. Um comercial de trinta segundos e de 1,6 milhão de dólares da Super Bowl. Cerca de 100 milhões de pessoas o viram; nenhum ser vivo o entendeu. Em 1997, através da Earle Palmer Brown, da Filadélfia, a Dollar Rent a Car adquiriu os serviços do ex-engraçado Chevy Chase. O cenário da sua primeira participação num comercial era um aeroporto, no qual Chase, no papel de um homem de negócios recebendo três clientes japoneses, acabava de alugar um carro. "Bonjour!", dizia. Então, ao se curvar numa saudação, batia a testa na testa do cliente. (É *claro* que é engraçado, mas prenda a respiração. Não é só isso.) Depois ele deixava um pedaço de lula crua escorregar dos palitos, saltar por cima de três sacos de golfe e atingir em cheio um dos visitantes – o que prova que, afinal de contas, apesar de todas as evidências anteriores, o *talk show* de Chase na Fox não foi a pior parte da sua carreira. É sumamente difícil dizer como essa campanha era triste, espantosa e horrivelmente idiota. A Dollar Rent a Car chamou-o de "prova da onda". É. Ele era uma prancha encerada numa onda tubular. O anunciante finalmente se livrou dele dois anos depois, mas, para a agência, que perdeu a conta, era um pouco tarde e lá se foi a Dollar.

Não me entenda mal. Não tem nada a ver com a minha avaliação pessoal do talento de certas celebridades. Por exemplo, eu acho *Spinal Tap* um dos filmes mais engraçados que já se fez, mas fiquei abismado com a decisão da IBM, por intermédio da Ogilvy & Mather Worldwide, Nova York, de apresentar uma paródia de roqueiros *heavy metal* num comercial divulgado em 1996, durante os Jogos Olímpicos. E também não tenho nada contra as Olimpíadas, que são repletas de drama e curtas-metragens de televisão. Mas, embora eu pessoalmente tenha rido comigo, contente com o elenco, milhões de outros disseram, "Hem?" De modo que a campanha "Soluções para um pequeno planeta" se transformou em "Soluções para uma pequena minoria", uma piada interna, exclusiva, sofisticada e cara.

No lado positivo, o pessoal da Ogilvy acabou conhecendo Harry Shearer e Michael McKean, que os fãs do *Tap* consideram verdadeiros deuses da comédia – fato que, eu desconfio e muito, está por trás de grande parte da escolha errada de celebridades. Caso você esteja perto de um veterano vice-presidente de marketing que conserva celebridades talentosas para a propaganda, trate de usar sapatos com revestimento de aço. Os nomes, jogados em lamentáveis aproximações de menção casual, se esborracham feito bigornas em queda livre. "É como Chevy diz... Você sabe, Chevy Chase. Ele está fazendo um trabalho para a gente. Um nome famoso, mas um *grande* cara. Legal com a equipe. Legal com os meus filhos. E uma vantagem tripla, aliás." Esse é um modo caríssimo de impressionar o vizinho, o ortodontista. Mais vale deixar a sua empresa pagar aparelhos dentários para o bairro inteiro e fazer propaganda clara e direta, declarando que ela oferece os mesmíssimos carros novos da Big Rent-a-Car Three a preços muito mais baixos. Quanto ao argumento segundo o qual a celebridade porta-voz também comparece às convenções, às reuniões de distribuidores e aos retiros internos – grande coisa. Se o seu objetivo é impressionar a tropa, uma festinha com fartura de comes e bebes tem o mesmo efeito por uma fração do preço.

Infelizmente, todo anunciante que recruta um artista ou atleta do primeiro time pensa que vai ser o próximo Michael Jordan, muito embora o fato seja que ele *não* vai ser o próximo Michael Jordan. Pergunte à Rayovac, que fracassou tão miseravelmente, com a sua celebridade do beisebol para a linha de baterias recarregáveis, que acabou saindo do ramo. E quem era a celebridade que estrelava os comerciais produzidos pela FCB/Leber Katz Partners de Nova York?

Nada menos que Michael Jordan.

Você esqueceu? Talvez, porque a gente tende a recalcar as coisas mais dolorosas, você simplesmente tenha apagado do mapa o episódio da bateria. Mas acontece que, em 1995, Michael Jordan, um notório ambientalista, foi exibido em *closes*, explicando que as baterias recarregáveis Rayovac iam salvar o planeta. Sem dúvida, todos os que se envolveram na sua contratação estavam pensando no milagre de Air Jordan. O que Michael vendeu para a Rayovac foi uma bolha de ar, um exercício absolutamente desastroso de interesse emprestado. O foco num Jordan fora do contexto foi particularmente flagrante porque a Rayovac Corp. tinha uma tecnologia que devia chamar a atenção por si só. Esbanjando o seu orçamento e os seus *closes* em Michael, o anunciante deixou de explicar e explorar devidamente a vantagem da renovabilidade. A Rayovac não tardou a abandonar o setor de recarregáveis e a se desvincular de Jordan.

Se ao menos eles tivessem aprendido alguma coisa com essa abortada carreira de beisebol da segunda divisão: o cara não consegue arremessar uma AA.

OLHE BEM PARA ESTE DIAGRAMA

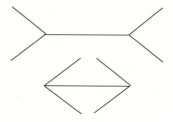

Qual linha horizontal é mais comprida, a de cima ou a de baixo? Ora essa! As duas são do mesmo tamanho! É uma ilusão de ótica, seu panaca. Não é fantástico o que a magia do Paint da Microsoft me permite fazer para surpreendê-lo e confundi-lo com inesperadas manifestações de feitiçaria eletrônica?

E também não é fantástico eu ter me conservado fiel à estrutura deste capítulo, tornando a cometer – agora pela terceira vez – o mesmo crime que me disponho a denunciar aos berros quando ele é perpetrado pela propaganda? Caso a idéia ainda não esteja bastante clara, a ilusão de ótica – por impressionante que seja a exibição de aplicativos de computador – nada acrescenta à nossa discussão. São as 60 mil inesquecíveis palavras do texto que o deixam arrepiado, lhe excitam os sentidos, desafiam o seu intelecto e lhe tocam a delicada alma. Ocorre que essas palavras foram produzidas pelo mesmíssimo computador. Você não pensou nelas como uma coisa produzida por computador, porque o modo como foram geradas é totalmente invisível e não tem a menor importância. A única coisa que interessa é o seu efeito surpreendente na visão de mundo de quem lê – em outras palavras, a substância, não o processo. No caso da propaganda e do público da propaganda, é a mesma coisa. O que importa é a história. Tudo o mais é tecnologia irrelevante. As ferramentas são importantes, e você tem de saber usá-las, mas a questão não são as ferramentas. É o trabalho efetuado com elas.

Infelizmente, como quase tudo que o bom senso recomenda, isso provavelmente é uma grande novidade para a maior parte das pessoas que criam propaganda, especialmente a de automóveis. Para vender o BMW, a Fallon investiu uma fortuna em tecnologia digital para transformar as ruas de Nova York em canais. Para vender o Oldsmobile Aurora (lembra do Aurora? lembra do Oldsmobile?), a Leo Burnett Co. investiu uma fortuna em tecnologia digital para dar vida à Estátua da Liberdade. Para lançar um novo Honda, a Rubin Postaer investiu uma fortuna em tecnologia digital para fazer o pequeno utilitário esportivo percorrer a geografia miraculosamente tridimensional que brotava das fotografias ampliadas de um exemplar do *USA Today*.

Cada um desses anúncios custou os tubos para ser produzido, e para quê? O melhor dos três era o do Aurora, pois a imagem da Madame Liberdade bancando o King Kong nada tinha a ver com a mensagem do produto. As outras duas produções na verdade sabotavam as mensagens de produto. O truque dos canais de Manhattan transformou a Suprema Máquina de Dirigir em apenas mais um barco de luxo, e os pomposos efeitos especiais da aventura *off-road*, no caderno "Life" do *USA Today*, eram a antítese do velho tema da Honda.

"Nós simplificamos", pois sim.

No entanto, a coisa continua indo de vento em popa. Um dos meus exemplos foi ao ar na Inglaterra em 2001. Começava com uma bela tomada de uma pêra. Então, surgida do nada, aparecia uma faca de aço inoxidável com cabo preto, que atingia a fruta em cheio, partindo-a em dois. Como a magia digital supera a realidade, a faca não diminuía a velocidade. Seguia a sua trajetória destrutiva, girando subitamente como uma flecha em pleno vôo, até atingir e pulverizar uma noz. Depois atravessava um cacho de uvas brancas, despedaçava um cálice de Chardonnay, perfurava uma gota de mel e, por fim, cravava-se num pedaço de queijo.

Queijo Grana Padano. "Atinge você com qualquer sabor."

Hem?

Uma idéia alternativa melhor e mais barata: contrate Charles Barkley. Filme-o de uniforme de basquete, driblando até chegar a um bufê de Grana Padano, pegar um pedaço, engoli-lo e dizer, "Hum. Caramba, Charles Barkley. Que queijo delicioso!"

Mais uma vez, não me entenda mal. Eu não estou dizendo que a tecnologia não tenha lugar na propaganda. Pelo contrário, ela é indispensável. Trata-se apenas de saber que tecnologia empregar e quando empregá-la. Por exemplo, voltando à categoria automóvel, o Jeep – por intermédio da Bozell, Southfield de Michigan – fez uma série de ótimos comerciais, nos quais os efeitos especiais possibilitaram ao produto bancar o rude herói aventureiro. Um dos mais recentes mostrava um rico casal em seu palacete depois de um dia de diversão *off-road* em seu Grand Cherokee. Estacionado na elegante entrada de automóveis, coberto de lama, o veículo começava a se sacudir como um labrador molhado, espalhando lama por toda parte e, naturalmente, revelando o sofisticado carro de luxo que há por traz daquele animal capaz de enfrentar qualquer estrada. Muito inteligente. O efeito era complicado e caro, mas a mensagem que permitiu transmitir valeu o trabalho e o custo.

Melhor ainda: uma propaganda de 1998 do molho de pimenta Tabasco feita pela DDB, Dallas. Mostrava um cara se entupindo de pizza, a qual ele antes regava com uma farta quantidade de Tabasco. Cena seguinte: *close* de um mosquito picando-lhe o braço. Então o mosquito alçava vôo para ir embora, mas logo explodia num minúsculo puf pirotécnico. Esse filme era tão caprichado no uso dos truques de computador que dificilmente o espectador chegava a notar o seu triunfo em termos de efeitos especiais. O que ele notava era uma magnífica peça de hipérbole visual em torno do atributo do produto e unicamente do atributo do produto. Em outras palavras, não falava em magia cinematográfica. Falava no Tabasco.

UMA ABUNDÂNCIA DE PROFUNDIDADE

Um poema meu:

> *Death and lilac, screaming. Aggrieved by the dawn. They*
> *Conspire, to the rage of heaven. Charred. Empty.*
> *Bleeding and gnawing for the want of a Song.*

Unspooling thunder awash in Lymph and daydreams.
Hell will not be undersold . *

Legal, hem? Como ele destila linguagem, imagens e conteúdo. E repare no quanto é farto de promessas de rebuscada significância – da qual, eu posso garantir, não tem absolutamente nada. Acabo de escrever essas linhas, em cerca de trinta segundos, só para deixá-lo desconcertado, uma vez mais, com a quarta principal categoria da inaplicabilidade. Como já se viu, não há nada mais fácil do que se apaixonar por uma piada ou um efeito especial, ou do que se deixar levar pelo charme de uma celebridade, tanto que a gente até esquece o produto em questão. Pois este aqui é mais um canto de sereia que fascina os publicitários, em detrimento da missão que lhes cabe: a sua própria e profunda, profunda, profunda profundidade.

E, uma vez mais, o paradoxo de "1984" nos vem à lembrança. Esse anúncio foi de tal modo devastador, ao estabelecer uma promessa de marca instantânea, penetrante e duradoura – a Macintosh como antídoto da perdição –, que sucessivas campanhas de sei lá quantos anunciantes continuam insistindo em recorrer a Orwell com excessiva freqüência. Como não se inspirar no "1984"? Ou – pouco importa que ele provavelmente seja o assassino serial mais letal do mundo – no caubói do Marlboro, que arrasou todas as convenções de marketing de cigarro, trocando todo o proselitismo com respeito à qualidade do fumo pela idéia da individualidade e da rústica serenidade? E, com muita freqüência, ao adotar os valores do significado de marca, em oposição aos benefícios práticos da marca, uma ou outra campanha atual faz o mesmo milagre.

Estou pensando na pequena, mas excepcional, campanha de 2000 da Fallon para o Public Broadcasting Service. A campanha se dirigia sobretudo ao próprio público do PBS para lembrar o porquê da existência daquela emissora estatal e bajulá-lo dizendo que tipo de gente a sintonizava. A seqüência óbvia seria enumerar a grande variedade de programas da rede, programas esses que nenhuma televisão comercial compraria.

---

* Morte e lilases bradando. Pela aurora lancetados. Eles / Conspiram, exasperando o céu. Crestados. Cavos. / Dessangrando e consumindo-se por falta de uma Canção. / Desenrodilhando trovões embebidos em Seiva e devaneios. / O inferno não se há de baratear.

"Frontline", "Masterpiece Theatre", "Nova" – essas coisas. Coisas que não atraem necessariamente os espectadores da rede Fox, por exemplo, que transmite anti-obras-primas de teatro como "Who Wants to Marry a Millionaire?" [Quem quer casar com um milionário?], "The World's Most Infected Animal Bites!" [As mordidas de animal mais venenosas do mundo!] e congêneres.

A campanha do PBS foi lançada num momento crítico, pois os piores debilóides do Congresso estavam fazendo o possível e o impossível para estrangular aquela emissora pública "elitista" (sendo que "elitista", segundo a definição dos Tom DeLays* da vida, é qualquer coisa que seja mais sofisticada do que "Walker: Texas Ranger"). O PBS conseguira deter as hordas bárbaras no portão, mas estava se preparando para uma nova incursão. Mais um motivo para apresentar provas de que, longe de minar os valores nacionais, o PBS era um tesouro nacional. Mas não foi isso que a Fallon fez. O que ela fez, e de maneira magnífica, foi recordar os espectadores de que a curiosidade continuava viva. Não a curiosidade voyeurística que informa a programação do lixo comercial voltado para o mais sórdido denominador comum, e sim o desejo genuíno de compreender e viver intensamente o mundo que nos cerca.

Num dos filmes, uma garotinha saía sorrateiramente de uma casa de fazenda em plena madrugada, lanterna na mão, a qual ela erguia acima do horizonte da janela de um galinheiro; e, lá dentro, o iludido galo começava a cantar. Outro mostrava um menino abrindo a lava-louças para pegar uma câmera de vídeo embrulhada numa bolsa Ziploc. Ele havia filmado o ciclo de lavagem para ver o funcionamento.

Mas o verdadeiro *tour de force* foi o terceiro filme, que começava numa cabine fotográfica automática. Atrás da cortina, um homem fazia caretas e gesticulava, tirando tiras e tiras de fotografias. No início, parecia uma homenagem ao comercial dos charutos Hamlet, mas não; nada disso. A seguir, aparecia uma segunda tomada dele fazendo expressões emo-

---

* Tom DeLay, deputado federal texano, ultraconservador, que se notabilizou pela oposição ao controle de armas e pelo ataque a vários aspectos da cultura moderna, como o controle da natalidade, a teoria da evolução e o programa de creches. Acusado de envolvimento em escândalos financeiros, foi obrigado a renunciar à liderança da bancada do Partido Republicano na Câmara dos Deputados. (N. T.)

cionadas diante da câmera. Corte para a cena dois: o mesmo cara, em casa, recortando fotografia por fotografia ao mesmo tempo em que escutava a antiga gravação de Enrico Caruso, para a RCA Victor, da ária "Di quella pira" de *Il trovatore* de Verdi. Para quê? Para colar as imagens num bloquinho de notas. Folheando rapidamente as páginas, ele sincronizava os movimentos dos lábios com a música, transformando-se num astro de ópera caseira.

Bravo! Os três comerciais começavam com a tela quase totalmente preta, com exceção de um círculo minúsculo que ia se abrindo aos poucos para revelar a primeira tomada. Era um bonito efeito, mas também uma metáfora perfeita: abra os olhos, e uma vida mais interessante o aguarda.

Portanto, é isso: às vezes as idéias contra-intuitivas são brilhantes. Mais amiúde, resultam em produções extravagantes sem idéia nenhuma. O pior é o que acontece com freqüência ainda mais assombrosa: quando a Grande Revelação se revela uma idéia totalmente equivocada.

"Ela ouviu risos, prantos, segredos", dizia a doce voz feminina em *off* na abertura de um comercial de 2000, por cima de uma montagem de imagens de vídeos caseiros e fotografias dos anos cinqüenta e sessenta. "Ela conhece a voz da aflição, da alegria, do arrependimento. Ouviu falar em filmes, livros, na escola, em namorados – e, por vezes, simplesmente não ouviu absolutamente nada".

Puxa, bonito texto da WestWayne de Tampa, Flórida. Um pouco meloso, mas bonito. Nessa altura, os espectadores começam a entender que todos esses momentos cálidos e preciosos ocorrem num lugar muito especial: a cozinha. As festas de aniversário, as refeições da família, os abraços, as brigas – tudo que as imagens retratam ocorre no marco zero da família. Quem não se sente tocado por isso? Uma vez estabelecida a ressonância emocional do cenário, a voz da locutora retorna para fazer uma proposição: "Ah, se existisse um lugar que o fizesse se sentir como você se sentia à mesa da cozinha". Um pensamento convidativo. Se existisse. Se existisse um lugar assim mágico. "Talvez exista", supunha a legenda na tela. Então aparecia... o logotipo da Denny's.

Da Denny's??? Exatamente, o lar do "1,99! Você pirou?" estava se proclamando a Mesa de Cozinha dos Estados Unidos – o que, ahn, não é verdade. A Kraft Foods podia invocar essa imagem? Podia. A Betty Crocker? Sem dúvida. A Wonder Bread? Por que não? Todas elas têm um direito legítimo à poderosíssima emoção investida nesses poucos metros quadrados de precioso piso a dois passos da geladeira. Mas com a Denny's a associação simplesmente não cola. É uma desconexão total. Até certo ponto, a Denny's é a *anti*mesa da cozinha. Quando as famílias entram lá, geralmente é para uma ocasião especial ou um descanso, mas certamente não para a rotina da vida cotidiana, a não ser no caso dos rotineiros atarantados, carentes de cafeína, que aparecem toda manhã a fim de tomar uma xícara de café e comer um ovo ou seis.

A idéia do comercial e o sentimento eram engenhosos e agradáveis. Eu não via nada parecido desde 1993, quando a American Standard (e a agência Carmichael Lynch, Minneapolis) falaram em banheiras, lembrando, "Ela viu você nu. Ouviu-o cantar". Transformar um objeto inanimado numa testemunha dos seus momentos mais íntimos é inegavelmente inteligente. No exemplo da cozinha, havia ainda mais possibilidades, tão carregado de emoção é o quadro da vida familiar. Mas isso não altera o fato de que a Denny's não tem nenhuma qualificação intrínseca para tal honra.

Mas isso não é nada. Retornemos a 1995. Alguém tem uma mensagem assustadora, preventiva, para você. Pegue o controle remoto, ligue o decodificador, sente-se e assista a tudo.

A cena também tem qualquer coisa orwelliana, mas aparentemente ambientada no presente: um sorumbático morador de apartamento, no caminho de volta do trabalho para casa, percorre uma cidade escura e sinistra. O homem está tenso, ansioso, preocupado. Ao passar por um telão enorme repleto de imagens e *slogans* da era digital, ergue os olhos com desprezo. "Eu sou uma pessoa", diz em monólogo interior. "Eu sou uma pessoa. Você pensa nisso ao construir essa coisa, essa dita super-auto-estrada? Pensa em mim? Escute. Essa revolução que está ocorrendo não tem nada a ver com tecnologia. Tem a ver com gente. Tem a ver conosco. O governo, os conglomerados burocráticos – é tudo a mesma coisa, sempre nos dizendo o que é certo. Mas talvez isso seja errado."

Minha nossa, do que é que essa alma infeliz está reclamando? Da guerra tecnológica?

Da desumanização?

De *No Mundo de 2020*?

Não. Ele está preocupado com a televisão a cabo. Essa vinheta claustrofóbica de ansiedade, depressão e paranóia foi produzida pela agência Red Ball Tiger, de San Francisco, para a Tele-Communications, Inc., a maior proprietária de sistemas a cabo do mundo. O *slogan*: "Nós estamos levando a televisão para o amanhã".

É mesmo? Pois eles deviam era mandar o cara fazer terapia. E esse era o mais alegre dos dois filmes. O agoniado herói do segundo – temendo pelo futuro do filho – andava pensando seriamente em suicídio. Mas a TCI, presumivelmente, estava pronta para salvar a situação, compreendendo o poder e o potencial da televisão a cabo para orientar o mundo, sensível e sensitivamente, rumo ao século XXI. No entanto, os anúncios não especificavam que partes da programação da televisão a cabo viriam em nosso socorro. Seria a parte do Canal de Desenho Animado? A parte de *tele-market*? A parte de videomúsica? A parte de filmes pornográficos? Ora essa, TCI: saia da hiper-realidade e trate de voltar à realidade.

Insistindo no tema, eu vou deixá-lo com o exemplo mais infame de ilusão de profundidade pós-"1984". Foi ao ar em 1985, muito especificamente, porque "1984" tinha sido aquele fenômeno tão inesperado. Também foi produzido especificamente para a Super Bowl, a um custo de 1,6 milhão de dólares, inclusive o tempo de transmissão. (Lembre-se, isso foi há muitos anos, quando 1,6 milhão de dólares era dinheiro que não acabava mais.) A mensagem também era bem parecida, mas o anunciante não teve nada de parecido com a experiência da Apple um ano antes.

Não que o anunciante fosse menos inteligente do que a Apple. Não que não fosse tão ousado quanto a Apple. Mesmo porque o anunciante era a própria Apple. O comercial se intitulava "Lemingues". Mostrava uma fila interminável de executivos engravatados (pense "IBM") marchando e cantando "Eu vou, eu vou, para o trabalho eu vou!" A graça estava na ironia, pois, veja, eles avançavam para um precipício. E, um após outro, caíam no mar como os lemingues. Entendeu?

Claro que entendeu. O comercial da Chiat/Day, que pretendia convidar os usuários do conglomerado a pensar com tanta independência quanto os panacas iconoclastas que promoviam a Macintosh, era sutil como um charuto explosivo. Não tinha nada do drama e do espetáculo visual do "1984" e, como se não bastasse, ainda insultava o público-alvo. Acontece que os autômatos corporativos imbecilizados não gostam de ser apresentados como autômatos corporativos imbecilizados.

"Abominável em seu exagero", declarou Tom Shales do *Washington Post*, e não havia exagero nisso. "Lemingues" era profundo, tudo bem. E foi um profundo desastre. Pouco depois, a agência, que um ano antes havia produzido o melhor comercial da história da propaganda, perdeu a conta da Apple para a BBDO.

Pronto, aí estão: quatro das Cinco Grandes Incongruências. E agora eu vou parar, pois a quinta ocupa um capítulo inteiro sozinha.

CAPÍTULO **4**

FAÇA GINÁSTICA REGULARMENTE E TRATE DE REDUZIR O SEXO

Seus olhos se encontraram.

Se bem que não literalmente, pois, nesse caso, o atrito das córneas acabaria com a incandescência da paixão que então fervilhava sob as almofadas do sofá do desejo.

A rigor, foram os seus olhares que se encontraram. Íris que eram caldeirões ferventes. A mirada fixa dele, um lobo voraz a engoli-la inteira. Os dois planaram no quarto – ele, o predador lupino, e ela, as pesadíssimas panelas de ferro cheias de líquido ebuliente – e se atiraram nos braços um do outro. Ou nas garras, ou nas conchas, ou no que for. Mãos que prendiam com avidez. Suas línguas se procuraram, sôfregas, cada qual vibrando na boca do outro. O mundo que os rodeava desapareceu quando o casal se transformou em duas bobinas de Tesla, os arcos azuis de energia elétrica a se eriçarem à sua volta, gerando um audível zumbido de êxtase apenas dominado. Mesmo porque, como era a estação das alergias, um nariz fungou.

O mágico sifão dele se inflou qual mãe orgulhosa. Ela estava mais molhada que um lencinho higiênico da marca Wah' n' Dri ou da concorrente Wet Nap, de preços mais acessíveis. De súbito, ele a ergueu. Deixando escapar um gemido, ela inclinou a cabeça para trás e soltou um grito.

Gostou, hem?

Claro que gostou, pois, além de ser um conhecedor de bons textos, você é humano, ou seja, provavelmente passa o dia inteiro pensando em encontros sexuais imaginários – fora quando está transando, é claro, ocasião em que, se for homem, você só quer saber quanto tempo vai ser obrigado a ficar acordado quando terminar ou, se for mulher, se um dia ainda terá uma relação sexual que valha a pena.

Um famoso estudo da Universidade de Louisville constata que, na adolescência, os garotos pensam em sexo de dois em dois minutos; as garotas, de três em três. Castigados pelas agruras da idade e calejados pela experiência, os homens e mulheres de meia-idade dizem pensar em sexo só de dez em dez minutos. Ou seja, seis vezes por hora. Ou seja, umas 96 vezes por dia – sem contar o período do sono, que é quando esses pensamentos libidinosos muitas vezes envolvem atos que, como sabem muito bem os pesquisadores de Louisville, são considerados crime no estado de Kentucky. Mesmo pela sua cabeça, caro leitor, já passaram algumas idéias mais do que despudoradas; é uma garantia. (As perversões individuais podem variar. E algumas são proibidas por lei.)

Ora, obviamente, a tal história da "freqüência dos pensamentos sexuais" é uma dessas estatísticas que as pessoas citam sem saber se são válidas fora do contexto do laboratório de psicologia de uma universidade. O máximo que se pode fazer é verificar se ela corresponde à nossa própria experiência e, talvez, acrescentar-lhe alguns detalhes específicos. Para tanto, vejamos uma pesquisa da Internet perguntando aos usuários da AOL o que os leva a pensar em sexo. Entre as respostas:

- uma mulher bonita
- um homem bonito
- um par de ombros largos
- uma olhadela num decote
- um banho quente
- canções de amor
- ouvir a campainha da porta
- pele bronzeada
- filmes de televisão
- revistas
- o meu gato

A campainha, senhoras e senhores. A *campainha*. Acontece que o sexo é um instinto humano básico, assim como lutar ou fugir, saciar a fome e esconder as coisas da mãe. Além de ser a matéria-prima dos nossos pensamentos cotidianos, é um tema recorrente na arte e na literatura desde tempos imemoriais e a única influência dominante na cultura popular, de Britney Spears a Sex and the City e à pornografia na Internet. De modo que não surpreende que também seja a matéria-prima da propaganda. Aliás, é mais do que matéria-prima. É uma mina inesgotável. Não há praticamente nenhuma categoria, em toda a propaganda – com a possível exceção, digamos, da promoção *business-to-business* de tecnologia de *call-center* para telemarketing –, que não recorra à iconografia sexual, a situações sexuais ou simplesmente à atração sexual básica. Isso abrange toda a gama, de A a Z, desde a típica e manjadíssima boazuda, que aparece em tudo quanto é comercial de cerveja, até a cena após o coito do elefante com a formiguinha para vender o lubrificante íntimo Tulipan, na Argentina, ou a inesquecível propaganda de cinema, de uma emissora de rádio, estrelada por um pênis cantor. (Menos obsceno do que você talvez imagine, graças à coreografia realizada por uma linha de pesca de náilon e aos efeitos digitais que permitiam uma muito convincente e extremamente hilariante sincronia labial da uretra.)

Portanto, digamos, para começar, que o sexo é uma constante na propaganda porque *tem de* ser, inevitavelmente, uma constante na propaganda. Se a chave do negócio é conquistar o coração e a mente do consumidor-alvo, o caminho mais confiável passa pelas gônadas – coisa que a propaganda às vezes consegue fazer das maneiras mais instigantes.

Um das grandes obras-primas do comercial de televisão, dirigido por Ridley Scott em 1979 para o Chanel Nº 5, era uma fantasia surrealista de uma piscina cheia de imagens atraentes, implicitamente eróticas, e de modelos lindíssimas, mas sem um único fotograma obsceno ou vulgar. Uma síntese perfeita de sexualidade e sofisticação, tanto como obra de arte quanto como propaganda. E um dos clássicos cômicos mundiais da propaganda, da Noruega para a Braathens Safe Airlines, mostrava um marido lúbrico que voltava inopinadamente para casa na hora do almoço. Imaginando uma tarde fogosa com a mulher, o nosso herói barrigudo e de barba ruiva tirava a roupa, prendia uma rosa entre os dentes e abria impetuosamente a porta-balcão da sala de estar. Dava com a esposa tomando chá... com os pais. Eles acabavam de chegar de viagem, inesperadamente, graças às passagens com 50% de desconto da Braathen Safe. Uma xícara posicionada estrategicamente obstruía a visão do espectador, mas é claro que os sogros estavam vendo muito bem a nudez frontal do genro. O anúncio era tão bem feito quanto engraçado, um modo improvável, mas expressivo de – se você quiser – intensificar o entusiasmo de uma viagem impulsiva.

O problema, infelizmente, é que essa enorme quantidade de sexo publicitário não é charmosa, nem artística, nem remotamente ligada ao que de fato importa. O sexo é empregado tão a esmo, tão excessivamente e, muitas vezes, com tanto abuso que em geral mais prejudica do que ajuda. Pense assim: o sal melhora o sabor de quase tudo, mas sal demais também estraga quase tudo, inclusive a saúde – e nunca combina com gelatina. De modo que este capítulo trata de como usar o sal. As instruções incluirão um pouquinho de história, uma enorme quantidade de terapia verbal auto-reflexiva e, naturalmente, alguns exemplos definidores de por que o sexo tem o seu lugar legítimo, salgado, quase mágico na propaganda. No fim, espero eu, você terá um ponto de referência seguro para tomar as decisões acertadas e vai admirar o autor pelo que eu realmente sou: a síntese viva de Alan Alda, cuja respeitável sensibilidade definiu o macho liberado dos anos oitenta, com Popeye, o Marujo, cujos olhos se esbugalham e saltam das órbitas quando ele vê passar uma linda gatinha como Olívia Palito.

Mas quem avisa amigo é. Ao contrário do uso indiscriminado do humor, de celebridades, de efeitos especiais e das ilusórias Grandes Idéias, o abuso do sexo na propaganda não se limita unicamente à pertinência. Há questões importantes de propriedade e exploração a serem consideradas, questões que não podem ser descartadas sem mais nem menos. Ainda que eu quisesse ficar no astral dos falsos sedutores de donzelas e das cômicas loucuras sexuais humanas, não dá. Quando o tema do sexo na propaganda leva, inexoravelmente, à questão do sexismo na propaganda, a coisa fica muito séria para ser levada na gandaia. Por exemplo, prepare-se para ficar chocado: havia um anúncio de cigarro, nada menos que da americaníssima marca Lucky Strike, que dramatizava a sua virtude de ser "suave" com a representação de um rapto e presumível estupro de uma mulher seminua, de seios à mostra, sendo arrastada por dois grandalhões mal-encarados.

O quê? Você não se lembra dessa monstruosidade? Claro que não. É de 1933.

"A natureza *bruta* raramente é SUAVE", proclamava a legenda ao lado de uma obra de arte representando uma moça raptada por dois invasores normandos durante o saque de Paris de 845 d. C. A suposta conexão com a marca: os cigarros Lucky Strike não são brutos; foram preparados para ser suaves. A mensagem real, além da transparente pretensão artística e histórica: "Ei! Olha só que tetas!"

Na época, o novo presidente era Franklin Delano Roosevelt. Sim, no início do século XXI, nós estamos até o pescoço de apelos sexuais, mas não pense que o fenômeno seja novo. Aliás, antes que a exploração das conseqüências da iconografia sexual perca o rumo, não seria nada mau dar uma volta na rua da memória.

O QUE O SEU CABELEIREIRO SABIA, E QUANDO ELE FICOU SABENDO?

Eis o que aconteceu em 1911: o incêndio da Fábrica de Blusas Triangle, em Nova York, matou 146 operárias superexploradas. Roald Amundson chegou ao Pólo Sul. Ray Harroun ganhou o primeiro Indianápolis 500, com uma média de 119,3 km/h. Os aviões foram usados pela primeira vez como armas durante a Guerra Turco-italiana. Lillian Devere e Earle Williams estrelaram o inesquecível sucesso de Hollywood *Aunt Huldah, the Matchmaker* [Tia Huldah, a casamenteira]. O campeonato de futebol da NCAA ficou dividido entre Princeton e Penn. O sétimo nome preferido para as meninas recém-nascidas era Mildred. O décimo, Ethel.

Ah, e mais uma coisa. Nasceu o sexo na propaganda.

Ou não. Há quem diga que a precursora foi uma xilogravura belga de 1491, anunciando a publicação de *Histoire de la Belle Melusine* – e mostrando um pedacinho do corpo da *belle* tomando banho. Mas o documento a que mais se atribui o mérito de haver desnudado semi-explicitamente o tema na propaganda semimoderna é o do sabonete Woodbury's. "Uma Pele que Você Adora Tocar", dizia o *slogan*. A modelo era linda, e, implicitamente, o "você adora" queria dizer "ele vai adorar". (Espere um pouco. Guerra Turco-italiana? *Então houve uma Guerra Turco-italiana?* Como é que eu posso perder tempo com sabonete e sexo se parece que perdi uma guerra inteira? Isso é muito traumatizante. Então vamos pular o quarto de século seguinte.) Vinte e cinco anos depois, o Woodbury's também ficou com o crédito da primeira nudez frontal feminina da propaganda nos Estados Unidos – crédito recebido, aparentemente, por mera tecnicidade. A moça do anúncio do Lucky Strike estava parcialmente vestida e mais ou menos de costas. Seja como for, nada ocorreu no período subseqüente que detivesse a marcha do "progresso".

Um dos exemplos mais famosos é de 1957. Eisenhower estava hospedado na Casa Branca. Faltavam três anos para que aparecesse a pílula anticoncepcional, de modo que a tão exaltada revolução sexual ainda não tinha começado. Mas, as revistas femininas e as de grande circulação como a *Life* publicaram a fotografia de uma bela e jovem mãe, acompanhada da instigante pergunta no cabeçalho "Será que ela... ou será que não?"

Ahn, será que ela... *o quê*? A resposta, ostensivamente, era "tinge o cabelo". A Clairol estava postulando que o seu produto parecia tão natural que "Só o cabeleireiro dela sabe". Mas, embora a *copywriter* Shirley Polykoff jurasse de pés juntos que não havia nenhum duplo sentido intencional, o resto do mundo tirou outras conclusões. A verdade é que cada leitora podia substituir as reticências pelo que quisesse, de acordo com o seu próprio pecadilho pessoal, e o anúncio continuava fazendo sentido. Quanto à parte do "cabeleireiro", também fazia muito sentido. Naquela época, anterior à generalização da psicanálise, o sr. Randy do salão de beleza era o depositário de todos os segredos. Não por acaso, 1957 também foi a época imediatamente anterior à generalização do uso de tintura de cabelo. Graças a essa campanha, e porque a propaganda funciona, e porque a propaganda que ressoa genuinamente no consumidor faz verdadeiros milagres, em 1958, como sabiam o sr. Randy e a Clairol Co., "ela" tingia o cabelo, sim.

Pouco depois disso, o diabo ficou solto no mundo. A revolução sexual começou de fato e a insinuação erótica começou a pipocar em toda parte. As diversamente dissimuladas ou descaradas referências ao sexo não só não eram amplamente criticadas como passaram a ser consideradas ousadas e sofisticadas. Quando, em 1965, um comercial de televisão da Braniff Airlines apresentou uma comissária de bordo fazendo *striptease* para os passageiros, tirando uma peça da grife Emilio Pucci por vez

("A viagem aérea é levada até você pela Braniff International, que acredita que até mesmo uma aeromoça precisa parecer uma moça."), não houve nenhum surto de indignação feminista. E o número de passageiros da Braniff aumentou extraordinariamente.

No ano seguinte, a recatada loja de produtos embalados William Esty Agency contratou uma loira de dezoito anos, chamada Gunilla Knutson, para fazer a barba de um homem diante da câmera. A trilha sonora era o *bump-and-grind* do padrão "The Stripper", e Knutson, em sua fala, dizia "Tira. Tira *tudo*." Knutson virou o principal símbolo sexual do país. As vendas do creme de barbear Noxzema se multiplicaram.

Outro filme extremamente popular de 1966 foi "A moça que os olhadores de moças olham", para a Diet Pepsi. Eram sessenta segundos de mulheres passando e de homens olhando. A música instrumental – "Music to Watch Girls By" [Música para ver as moças passarem] – foi lançada em disco e vendeu uma barbaridade. E a idéia de desfilar mulheres na televisão apenas como objetos sexuais começou a agradar cada vez mais.

Uma conseqüência notória foi aquilo que, no livro *The Feminine Mystique* [A mística feminina], Betty Friedan denominou "desumanização progressiva". A apoteose do pior pesadelo de Friedan ocorreu em 1972, numa campanha da National Airlines. A série do *copywriter* Dick Wolf – que ficou famoso com a criação do seriado de televisão "Lei e ordem" – achou de bom tom apresentar as aeromoças da National com expressões sexualmente provocantes e convidativas: "Eu me chamo Cheryl. Pilote-me." Esse eufemismo odioso ofendeu. As comissárias de bordo ficaram tão furiosas que algumas passaram a trabalhar com um *button* dizendo "Pilote-se".

Seja como for, as três décadas seguintes produziram uma coleção de imagens e referências sexuais cada vez mais explícitas, ocasionalmente grotescas. Em 1980, a Calvin Klein colocou a supermodelo Brook Shields, de quinze anos, deitada com um *jeans* justíssimo, os quadris projetados para cima. "Sabe o que fica entre mim e a minha Calvin?" arrulhava a menina. "Nada." Interprete o sentido da frase do jeito que você quiser. Essa experiência de pedofilia inaugurou duas décadas de insultos da Calvin Klein, inclusive dois outros episódios de mal disfarçada pornografia infantil.

Em 1991, a limonada Sprite apareceu com o que ficou conhecido como "uma virada inesperada", com um atrapalhado candidato a romancista martelando o teclado do computador na vã tentativa de escrever o Grande Romance Americano. Quando a estridente namorada do escritor fracassado o aborrecia, ele simplesmente digitava a tecla "delete" e, puf, a moça se esfumava no ar. Um anúncio de refrigerante em forma de *snuff film*. Coisa *inesperada*: não sexual, mas obscenamente sexista, talvez o comercial de televisão mais misógino que já se produziu.

No mesmo ano, a Dow Brands lançou um novo produto chamado Fantastik Swipes, uma esponja de esfregar com um lado macio e outro áspero. A idéia era comunicada com dois trios de mulheres dançando e rebolando – um deles de loiras vestidas de couro branco, o outro de morenas vestidas de couro preto. Em outras palavras, para promover um produto de limpeza, principalmente para mulheres, na televisão durante o dia, a Dow Brands optou pela abordagem prostituta boazinha/prostituta malvada para vender. (Curiosamente, o produto não existe mais.) Por outro lado, a partir de 1998 e visando aproximadamente ao mesmo público, a Clairol jogou com a superficial semelhança entre as palavras *orgânico* e *orgástico*. Rá. Rá. Rá. Mulheres se retorcendo e gemendo no chuveiro, entregues a "uma experiência totalmente orgânica". Infelizmente, essa campanha totalmente debilóide do xampu Herbal Essence foi um sucesso incontestável. Ficou famoso o comentário de H. L. Mencken: "Nunca ninguém perdeu dinheiro por ter subestimado as grandes massas medíocres", e, desgraçadamente, estava coberto de razão.

Pois é, eis a sua história, e, indiscutivelmente, o sexo sempre esteve presente, pelo menos em forma hipotética. E isso sem mencionar os pôsteres de propaganda da alta moda, cujo recurso básico é a apresentação do fetichismo estilizado, e a propaganda para o *trade* industrial, que não requer nenhum motivo relacionado com o produto para enquadrar o decote transbordante de uma modelo. Aliás, pensando bem, uma fornecedora *business-to-business* de tecnologia de *call-center* para telemarketing chamada Cosmocom não deixou de fazer propaganda com uma bonita loira saindo de dentro do vestido justíssimo. De modo que eu acho que agora está tudo dito.

Mas a gente nunca sabe. Por isso, vou fazer uma experiência aqui, neste exato momento. Todo mês, eu examino um rolo de 53 comerciais copiados por uma empresa britânica chamada (ridiculamente) Xtreme Information. Os filmes são selecionados no mundo inteiro com base no que a Xtreme avalia como os novos trabalhos mais interessantes no ar. Basta dizer que essa lista raramente corresponde ao que eu julgo interessante. Todo mês, na minha opinião, pelo menos 45 dos 53 filmes são horríveis. Não ordinários. Não medíocres. Horríveis mesmo. Em parte porque o que interessa à Xtreme é o impacto, não a capacidade de vender, e em parte porque o que interessa à maioria do suposto mundo criativo tampouco é a capacidade de vender. Entretanto, uma coisa que interessa tanto ao mundo em geral quanto ao seu microcosmo Xtreme é o sexo. Uma infinidade de comerciais sexuais nesse rolo, mês após mês. E esta é a minha experiência. Eu vou abrir o último pacote neste instante, colocar no videocassete a compilação do rolo de janeiro de 2002 e procurar os comerciais relacionados com sexo. Depois vou voltar e falar nos anunciantes que sentiram necessidade de invocar o sexo para promover os seus bens e serviços e avaliar se tiveram sucesso. Ok? Até já.

AQUELE ENORME McCHEESE ESTAVA MESMO NA BANHEIRA?

Pronto, voltei. E, embora eu tenha de reconhecer que a porcentagem de material ligado ao sexo diminuiu bastante este mês em comparação com os rolos anteriores – oito filmes em 53, em oposição aos habituais quinze ou vinte –, a porcentagem de material *relevante* ligado ao sexo coincide direitinho com a média.

Permita-me mostrar a prova. Da Argentina, encontramos uma mulher bem bonita num ônibus lotado. Um rapaz lhe apalpa o lindo bumbum. Ela se vira, furiosa, e topa com meia dúzia de homens, todos com ar igualmente inocente. Mas um deles está vermelho, ela não pensa duas vezes e o nocauteia. Ele estava vermelho de vergonha? Não, era porque não usava o protetor solar Banana Boat para proteger a pele. Portanto, é isso: pouco importa o câncer de pele. Não deixe de passar protetor solar quando estiver num ônibus lotado e algum pervertido bolinar uma mulher, a não ser que você queira levar a culpa.

Da Alemanha, uma mulher vai a um baile de máscaras erótico. Ocorre o adultério. Ela volta para casa. O marido lhe dá um relógio Patek Philippe. (Pode bater à vontade que ele não pára de funcionar, calculo.) Dos Estados Unidos, num comercial de remédio de prescrição obrigatória, uma moça está na piscina e olha para um sujeito bonitão de peito musculoso e abdômen bem definido. Um rapagão, de fato, mas tem um problema que as mulheres não conseguem enxergar. Será um comercial do Viagra? Não, é de Lipitor, remédio para o colesterol. Entendeu? Quer impressionar as gatinhas? Livre-se das placas arteriais.

Do Reino Unido, um casal está transando no quarto sem notar o júri olímpico que tudo observa e avalia o seu desempenho. É para o Holmes Place, uma academia de ginástica. A conexão é que... deixe para lá; não há conexão nenhuma. Outro da Argentina, gente elegantíssima numa festa mais elegante ainda tem as suas fantasias sexuais materializadas diante dos seus olhos. A maioria delas envolve o vermute Gancia. Está certo, Gancia, o vermute *sexy*.

Todos esses filmes invocaram a sexualidade não porque correspondesse ao produto ou à promessa, mas porque o pessoal por trás do comercial estava sem idéias. Como acontece com tanta freqüência, chamar a atenção acabou se confundindo com o objetivo. Como sabe muito bem o bufão de festa que resolve pôr a cúpula do abajur na cabeça, a atenção por si só não conquista amigos. Não tem sentido chamar a atenção de todo o mundo se você não tiver nada a oferecer depois. O que as pessoas vão fazer é se afastar nervosa e lentamente.

Isso me leva ao filme mais fixado em sexo do rolo da Xtreme. Vem de Cingapura e acompanha, longamente, o progresso de um homem extremamente feio percorrendo os exóticos perigos de um bordel, onde um bando assustador de prostitutas lhe promete algo "quente e picante". Ele aceita. E recebe um... sanduíche quente e picante. Sim, é a vinheta de um bordel para vender uma refeição rápida. E o anunciante?

O McDonalds. Juro por Deus, e não tenho mais nada a acrescentar.

Portanto, como vimos, o uso indiscriminado da iconografia sexual, assim como o uso indiscriminado do humor, dos efeitos especiais, das celebridades ou do que for, é antagônico ao objetivo de vender bens e serviços a pessoas talvez dispostas a gastar dinheiro. E, uma vez mais, também há outros riscos ligados ao sexo, como o sexismo e simplesmente a mera grosseria (veja o capítulo 6, "Fique à vontade"). Mas deixe-me também reiterar que, às vezes, o conteúdo sexual é exatamente o toque

que faltava. Eu citei alguns exemplos famosos. Vamos descrever um menos proeminente, mas nem por isso menos interessante, de 1996.

Era uma apresentação de dois filmes, da Fallon McElligott, Minneapolis, para o *jeans* Lee Riveted. Também era – caso você quisesse comprar briga – uma celebração desaforada, impenitente, do tipo mais ignorante de interação humana, exaltando descaradamente a exibição de partes do corpo como instrumento de sedução. Os anúncios proclamavam, na essência, "Compre Lee. Mostre a bunda. Seja feliz."

E eram deliciosos.

Um deles se ambientava na lavanderia de um prédio de apartamentos, na qual uma moça olhava, com nervosismo, para o relógio na parede ao mesmo tempo em que enfiava um monte de notas de um dólar na máquina de trocar dinheiro. Então um bonitão de calça Lee entrava na lavanderia e dava com a luz da máquina piscando: "vazia". "Desculpe", dizia ele para a moça, "você pode trocar um dólar para mim?"

"Vou ver", respondia ela timidamente. Então a voz do locutor: "Lee Riveted. Feita para chamar a atenção."

Em outras palavras, o *jeans* milagroso.

O filme, em preto-e-branco, oferecia uma textura *vérité* que lhe aumentava a humanidade e o charme. Assim também era o segundo, rodado numa cafeteria, na qual um desgrenhado bonitão da "geração X" ficava fazendo hora até tarde da noite, tomando um café atrás do outro, de olho na bela garçonete que ia de um lado para outro com uma calça Lee justíssima. Por fim, chegava a hora de fechar e ela perguntava, "Mais alguma coisa?"

"Não. Sim. Talvez", gaguejava ele. "Se você não estiver ocupada, será que não dá para a gente tomar um cafezinho?" Mais café? Ela sorria. Ele se encolhia. Nenhuma surpresa nisso. A dança nupcial é desajeitada mesmo, principalmente nos deficientes em linguagem e raciocínio. Como observa Scott Russell em "Looking at Women" [Olhando para as mulheres], o seu ensaio seminal sobre o conflito entre civilidade e sexualidade, só os machos humanos – em oposição aos bodes, por exemplo – têm consciência de como olham para as fêmeas da espécie. Mas, como também observa Sanders, "A maioria dos homens tem muito mais de bode do que nós estamos dispostos a admitir". E as mulheres, muito mais de cabra.

88 OS 10 MANDAMENTOS DA PROPAGANDA

Não há nenhum erro na ansiedade feminista com a degradação da mulher mediante a objetificação na propaganda e em outros lugares. E, naturalmente, é verdade que o culto ao corpo é uma vulgarização superficial dos valores humanos nucleares, valores centrados no caráter, na personalidade, no humor, no intelecto, na força moral e no respeito mútuo. Efetivamente, o que nos distingue como seres civilizados é a capacidade de ser governados pela razão e a sensibilidade interior, não só pelos desejos animais. Por outro lado, é uma idiotice fingir não ter desejos animais. Pode ser politicamente correto. Pode ser doutrina progressista. Mas também é uma ficção. Mesmo eliminando as influências da cultura sexista, a gente continua às voltas com o animal humano eriçado de reações instintivas, glandulares, ao sexo oposto, coisa que pode não ter absolutamente nada a ver com caráter e tudo a ver com a forma de um bumbum enfiado num *jeans*.

A campanha da Lee cedeu neste ponto – nem mais, nem menos – sem fazer um julgamento de valor. Tratava-se de uma visão de mundo de bode e cabra, fabulosa, arrojada e majestaticamente incorreta. Também é verdade que era em preto-e-branco. Porque ninguém compra um *jeans* Lee Riveted por causa dos arrebites.

Portanto, qual comercial é melhor como ponto de partida? Chegou a hora de ruminar o significado disso tudo, de refletir sobre essa coisa. E eu o digo em termos literais. Para mim é facílimo ditar o mandamento. Ele já está a caminho, acredite. Mas, no tema sexo (e só neste tema), peço-lhe indulgência caso eu não me limite a estabelecer a lei, mas também deixe registrado o meu processo talmúdico interior para chegar a ela. Por ter determinado que o sexo na propaganda é um subproduto inevitável – e inevitavelmente mal usado – da cultura, eu continuo com as mesmas perguntas incômodas: no século XXI, quando o sexo é justificadamente invocado? Quando é gratuito? Quando é especialmente pertinente? Quando é simplesmente sexista e degradante demais para ser tolerado? Quando é tão *sexy* e atraente que ninguém *dá a mínima* para o seu aspecto degradante?

Obviamente, não há respostas perfeitas. Por exemplo, o que excita um homem pode ser que não passe de uma caricatura grotesca para outro. Mas, à parte a subjetividade individual em questões de moralidade, há o complicado problema da mudança de costumes. O limite entre a

FAÇA GINÁSTICA REGULARMENTE E TRATE DE REDUZIR O SEXO   89

aceitabilidade e a afronta se desloca com a cultura, para lá e para cá, aproximadamente como a carreira de Rob Lowe. "A coisa certa a fazer" é um alvo móvel que, às vezes, muda de lugar rapidamente, como neste momento. Ainda recentemente, no meado da década de 1990, a maior parte do que seria encarado como reificação descarada desapareceu da propaganda. Oh, continuaram aparecendo mulheres (e homens) bonitas bancando a boneca de carne, mas a fanfarrice que caracterizava os objetos sexuais da propaganda foi substancialmente domada. O que a influência do esclarecimento feminista não realizou cabalmente o terror do "politicamente correto" se encarregou de realizar. Uma coisa era ser xingado de porco chauvinista, outra muito diferente era ser tachado – graças ao construto de certas escritoras feministas como Andrea Dworkin – de estuprador. Sim, respire fundo e escute só:

"A pornografia é a destruição orquestrada do corpo e da alma das mulheres; o estupro, a violência, o incesto e a prostituição a estimulam; a desumanização e o sadismo a caracterizam; é uma guerra contra a mulher, reiterados ataques à dignidade, à identidade e ao valor humano; é tirania. Cada mulher que sobreviveu sabe, pela experiência da sua própria vida, que pornografia é cativeiro – a mulher aprisionada na imagem usada contra a mulher aprisionada em qualquer outro lugar em que ele a tenha presa".

Eis a acadêmica radicalmente feminista falando na cultura da pornografia, da qual faz parte a propaganda. Para Dworkin e as suas companheiras de viagem, a permissividade da imagem da mídia é tomada pelos homens como permissão sexual, e, por conseguinte, um comercial da grife Victoria's Secret é o equivalente da escravidão sexual. Pode ser um pouco de exagero – ok, é um exagero absurdo, incendiário e, enfim, contraproducente – mas não surgiu do nada.

Claro que muitos críticos estão convencidos de que a propaganda, em geral, é um câncer maligno na cultura. Por exemplo, a escritora e documentarista Jean Kilbourne diz que "todos os anúncios, além de vender produtos, vendem a idéia de que comprar coisas nos faz felizes, de que os produtos nos realizam e satisfazem as nossas mais profundas necessidades humanas. Isso leva a um ciclo interminável de consumo que, enfim, nos decepciona e também ameaça o meio ambiente. O outro problema é que a propaganda reifica a mulher com muita freqüência – e o homem também, cada vez mais –, fomentando estereótipos nocivos. Finalmente, algumas propagandas vendem produtos prejudiciais e até causadores de dependência, muitas vezes visando deliberadamente às crianças."

Kilbourne chega a estabelecer uma conexão direta entre a ubiqüidade da iconografia sexual e a violência, a pedofilia, o estupro e o assédio sexual, a gravidez precoce, os distúrbios alimentares. E também, imagino eu, o baixo aproveitamento escolar e o péssimo desempenho dos jogadores de beisebol. Mas é bem verdade que o seu livro *Deadly Persuasion* [Persuasão mortal] documenta uma série aterradora de imagens de mulheres na propaganda, francamente violenta e desumanizadora, desde as posições sexuais submissas até o estupro auxiliado pelo alcoolismo e o assalto a mão armada. Vê-las é engolir em seco.

Mas não há necessidade de recorrer às críticas exercidas pelas Chicken Littles sexuais. Eu mesmo passei anos e anos usando a minha coluna como porrete contra aqueles que exibem mulheres curvilíneas como colírio (ou, conforme um estudo de 2001 publicado no jornal de química cerebral *Neuron*, como cocaína ativadora do centro de prazer do olho) para espectadores masculinos. Era demais, eu disse, demais.

Passei anos repetindo isso. Inutilmente, aliás. O que enfim alertou os publicitários não foram as minhas alegações apaixonadas, nem mesmo o punho de aço do "politicamente correto". O que levou o Leading National Advertisers a finalmente enxergar o erro da sua postura foi uma força muito mais poderosa do que a maioria dos discursos incendiários proferidos por Dworkin, Catherine McKinnon e Susan Faludi.

Estou me referindo ao Swedish Bikini Team, é claro.

O propósito dessa campanha de 1991 da Hal Riney & Partners, San Francisco, para a cerveja Old Milwaukee, era tão ostensivamente ridicularizar as preocupações sexuais do gênero com a mais suprema expressão do mesmo: cinco deusas nórdicas de biquíni escassíssimo invadiam cenas de homens reunidos e falavam docemente com um (mal-ajambrado) sotaque escandinavo, todas elas muito loiras e muito dóceis. Uma paródia, insistia em dizer a agência – apesar dos *close-ups* das gostosonas como um dom da fantasia dos não muito evoluídos.

Em dado momento, o fiasco do Swedish Bikini Team foi a gota d'água. Tão obscena e exasperante era essa ostentação de pulcritude que as empregadas da fábrica de cerveja Stroh Brewing entraram com um

FAÇA GINÁSTICA REGULARMENTE E TRATE DE REDUZIR O SEXO 91

processo coletivo de assédio sexual. Mas, ao contrário das tempestades anteriores, por conta de boazudas anteriores, esse litígio não foi visto por todos como uma bravata boba e politizada de um punhado de feministas hipersensíveis. (Alguns o viram assim, é claro. Assim o viu George Will, como era de se esperar, mas, obviamente, tratava-se de uma ação litigiosa de classe contra uma grande empresa. Se George Will entrasse no restaurante do Hotel Sacher, exigiria uma reforma das tortas.) Dessa vez o mundo viu. Mesmo porque as vendas da Old Milwaukee despencaram vertiginosamente, de modo que até a cerveja teria visto, à medida que fábrica após fábrica passava a renunciar publicamente à sensibilidade da moça gostosa que informava a indústria pelo menos desde as exibições de *miss* Rheingold nos anos cinqüenta. Quem liderou os novos iluminados foi August Busch IV, o recém-ungido vice-presidente de marketing da Anheuser-Busch Co. Alegando que as mulheres eram um consumidor fundamental demais para serem tratadas de maneira tão vil, ele declarou que a propaganda sexista de cerveja era um feio artefato dos anos oitenta e anunciou a desmulherização dos comerciais da sua empresa. A Doutrina Budweiser não tardou a ser adotada pelas outras fábricas. As boazudas sumiram do vídeo. Em 1995, a principal iconografia de marca da Budweiser consistia em três rãs coaxando. Despontava uma nova era.

Que durou exatos sete anos e meio.

O SUPER BOWL DOS SEIOS

"No futuro, as mulheres [nos comerciais da Budweiser] terão papéis iguais e serão tratadas com igualdade."
August Busch IV, 1991

"Leia os meus lábios: nada de novos impostos."
George Herbert Walker Bush, 1988

A "desreificação" foi um sucesso em andamento durante três décadas. Só que, então, no ciclo de vida da cigarra, tudo voltou a ser como era. Chame isso de retorno do pêndulo, de recidivismo, de capitulação perante a realidade biológica e cultural – chame do que quiser –, mas um dia eu liguei a televisão e descobri que a breve e delicada existência da Doutrina Budweiser tinha chegado ao fim.

92 OS 10 MANDAMENTOS DA PROPAGANDA

A data: 31 de janeiro de 1999. Liguei a televisão no Super Bowl e o encontrei sob a égide de um *show* burlesco, de um desfile assombroso de saltos agulha e seios promovendo absolutamente tudo, de assessoria financeira a luta livre profissional. Lá estava a saborosíssima ex-miss Estados Unidos passando por um corredor polonês de estudantes babosos para fazer propaganda dos Doritos sabor churrasco. Lá estavam as modelos da Victoria's Secret sacudindo os seios perfeitamente esféricos a dois centímetros da lente da câmera. Lá também estava uma coisinha anônima, mas deliciosa, espremida dentro de um vestido tamanho 38 e passeando na frente de um buraco de fechadura em nome do cartão de débito Visa. Tudo bem, é claro, eu mesmo devo ter examinado a mocinha do Visa da cabeça aos pés, que correspondia a pelo menos quinze das minhas dezessete fantasias da adolescência (a dezesseis, caso ela soubesse dar nó de marinheiro). Mas, mesmo assim, mulheres como joguetes. Ufa. Era tudo tão chocante e indisfarçavelmente antiquado. E tão confuso. Mas, à sua maneira, também não deixava de ser esclarecedor. O retorno bizarro aos piores excessos da cultura me ajudou a reconciliar os impulsos humanos básicos, documentados no início deste capítulo, com a responsabilidade da propaganda de apoiar a dignidade humana básica.

Ora, a propaganda não chega a ser uma imagem espelhada da sociedade. E tampouco um instantâneo – pelo menos não daqueles que a gente manda revelar e pega em 24 horas. A propaganda (preste atenção a esta metáfora apta e expressiva que eu mesmo bolei) é mais como as fotografias que você tirou no ano passado e só mandou revelar agora, depois de ter deixado o filme um ano cozinhando no porta-luvas: reflexos precisos da realidade recente, um tanto distorcidos pelo calor e pelo tempo. O Super Bowl dava para encher um álbum. E, quando eu comecei a prestar atenção, notei excessos semelhantes pipocando em toda parte. Um cartaz contemporâneo anunciando um *videogame* chamado "Virtual Pool II" mostrava uma mulher debruçada numa mesa de bilhar, expondo os seios. "QUE BELO TRIÂNGULO!" dizia a legenda. Um comercial de televisão para a cadeia de lanchonetes Carl's Jr., da Costa Oeste, mostrava uma multidão de empregados de escritório espiando uma mulher do outro lado da rua e apostando se o hambúrguer ulta-suculento ia pingar nos seus seios. E também houve uma campanha publicitária em revistas que apresentava a supermodelo Rebecca Romijn-Stamos fotografada no meio de uma rua, com um bigode de leite, um biquíni e nada mais.

Sexo na propaganda de leite. Uma nova categoria, creio eu.

Minha Nossa. Esses eram os ultrajes que eu vinha atacando fazia mais vinte de anos. Fiquei como um membro da Organização Mundial da Saúde que, estando feliz da vida de tanto confiar na erradicação da varíola, de repente presenciasse um novo surto. Ou seja: horrorizado, aterrorizado e desconcertado, tudo ao mesmo tempo. Como que por reflexo, imediatamente depois do Super Bowl dos seios, eu lancei um feroz ataque retardado contra o cinismo, a sensibilidade juvenil e o lapso moral que deviam estar por baixo disso. Peço desculpas por me citar a mim mesmo, mas eis uma pequena amostra da bile do Crítico Afrontado:

> Depois de três décadas aprendendo a se abster da objetificação nua, parece que a propaganda chegou à conclusão de que o benefício de impressionar cruamente os homens compensa as desvantagens de desonrar as mulheres. É uma Madison Avenue que se esgueirou na psique da nação e roubou trinta anos de consciência feminista.

Tudo bem, eu estava fulo da vida. Mas também sentia falta de uma coisa. Afinal de contas, se a propaganda reflete verdadeiramente algum tipo de realidade maior, não dava para simplesmente tachar o Super Bowl de 1999 de sexista inveterado e denunciá-lo automaticamente. Algo mais estava em curso, e valia a pena fuçar alguns outros instantâneos cozidos – da propaganda e de outros aspectos da cultura popular – para ver o que mais eles revelavam acerca do nosso eu do século XXI. (Aviso: lá vem mais história.)

Para os iniciantes, pode-se atribuir o crédito a Madonna. Bem quando a perniciosidade da objetificação da mulher tinha sido substancialmente compreendida e interiorizada pela sociedade norte-americana, eis que o *Boy Toy* aparece se retorcendo na calcinha dela. Foi ótimo para a indústria fonográfica. E melhor ainda para a de *lingerie*. Havia décadas que a Frederick's de Hollywood estava no negócio do bustiê preto e da camisetinha rendada, mas então chegou a Victoria's Secret para amaciá-lo e dominá-lo. E a Wonderbra? Vinte anos depois que as feministas protestaram queimando os sutiãs, as suas herdeiras se puseram a queimarlhes as pontes idealistas e a exibir descaradamente os seios. Súbito, a culpa e a ambivalência se dissiparam, e, sob a rubrica da legitimidade, não havia mal algum em ser *sexy*. O sutiã que levanta os seios não levantava nada se não servia para levantar a auto-estima.

Então apareceram as Spice Girls, lúbricas gatinhas do sexo cujo "Girl Power" nada tinha de auto-atualização feminista, e sim de glorificação da ascendência sexual sobre os homens. Foi quando a agitadora feminista Bella Abzug morreu – imagino que de tristeza.

Nesse meio-tempo, como ainda vamos discutir no capítulo 6 deste livro inesquecível, a cultura foi se vulgarizando minuto a minuto, e a propaganda se emparelhou com a televisão e o cinema – parafraseando o senador nova-iorquino Daniel Patrick Moynihan – para definir o ultraje. Uma indústria que durante muito tempo diluiu, desnaturou e bestificou deliberadamente a sua produção, correndo o risco de que alguém em algum lugar se ofendesse, agora passava a incitar intencionalmente o ultraje do consumidor. Era uma aposta cínica: irritar muitos para impressionar poucos. A Calvin Klein usou o sexo para criar o ultraje, que, por sua vez, foi usado para fazer barulho. Uma centena de publicitários aderiu.

Acrescente-se a esse novo cálculo o efeito Ally McBeal/Bridget Jones, uma licença pós-feminista para que as mulheres se sentissem incompletas sem homem e o atraíssem por todos os meios necessários. Com a convergência de todas essas forças, acaso foi por milagre que nós chegamos ao fim do Século Norte-americano num estado mental sexualmente tão agressivo, a ponto de a Doritos, o Visa e uma horda de outros anunciantes se sentirem estimulados a arriscar acusações de neo-sexismo e a patinhar no marketing do pôster de mulher pelada?

A censura da "Ad Review" pareceu satisfatória, mas tudo quanto sei eu aprendi com a propaganda e, nessa mesma semana – sendo colecionador de momentos Kodak –, topei com mais um instantâneo revelador. Esse artefato fotográfico não é do Super Bowl de 1999, e sim de um pôster, na Grand Central Station, para a Maidenform. Apresentava uma bonita morena fotografada da cintura para cima e só de sutiã. "A beleza interior", dizia a legenda, "não passa daí".

Cruzes. A moça era fantástica, mas não tanto quanto o texto. Ninguém se surpreende quando a propaganda manifesta uma devoção quase religiosa pelo superficial. O que assombra é ver essa mentalidade apresentada como um benefício para a marca. A beleza interior é *insuficiente*?

Ninguém na indústria publicitária diz isso em voz alta, porque, afinal de contas, é um sacrilégio. A gente simplesmente não diz uma coisa dessas. É como mudar subitamente de orientação e dizer ao filho pequeno, "Ah, que diabo. Pode falar com estranhos". Não, o que os nossos pais nos ensinaram é que a beleza física não vai além da epiderme e que o verdadeiro valor reside na alma. Esse artigo de fé universal pegou porque é moralmente justificável. É democrático. Tem significado moral.

O único problema, como observou a Maidenform, é o fato disso simplesmente não ser verdade. A beleza interior pode contar, mas não vira a cabeça de ninguém. Isso talvez explique por que – por satisfeitas que estejam com o seu eu interior e por desconfiadas que sejam do mito da beleza – a maioria das pessoas passa boa parte do dia cuidando do exterior.

Ora, pode ser que essa minha epifania não chegue a virar o seu universo moral de ponta-cabeça. Talvez não passe de uma bobagem. Mas leve a discussão mais adiante. Se as pessoas reagem às outras simplesmente porque são bonitas, o que há de errado – pouco importa o que você queira vender – em mostrar a mulher mais linda que encontrar? É o caso da Doritos com a vistosa e curvilínea Ali Landry, para tomar um exemplo extremo. Se for apenas e puramente humano ficar olhando para outros seres humanos incrivelmente belos, como dizer que essa reação é moralmente errada ou, pior ainda, inibida pelas sutilezas da reforma social? A atração sexual é simplesmente atraente demais, e, se um comercial de sutiã questiona tudo quanto há de mais sagrado, significa que a metaconsciência está questionando a mesma coisa. A Maidenform afirmou a premissa. O Super Bowl ofereceu a prova. Os anos subseqüentes de material da rede Fox continuaram esfregando isso no nosso nariz: a sociedade está reavaliando claramente, e o consenso geral é que o "sexualmente correto" não passa de um fútil exercício de negação.

Portanto, o que pode fazer um árbitro da sabedoria publicitária nomeado por Deus, o que pode fazer um homem decente, o que pode fazer um *pai*?

ISTO NÃO É CIÊNCIA ESPACIAL

Eu tenho três filhas. Pensando nelas, sempre foi fácil para mim reagir à seminudez publicitária com o meu tipo particular de libelo anti-sexista, pois queria parar com esse círculo vicioso: relegar ao esquecimento essa cultura popular que explora as necessidades adolescentes dos homens, leva as mulheres a se "produzirem" devidamente, conduz a retratos cada vez mais degradantes e a mais desprezo por si próprias nas mulheres e assim por diante. Porém, refletindo um pouco mais, o que eu hei de fazer pelas minhas filhas – mentir para elas? De que servem as virtudes capengas de um mundo idealizado e cego à fisionomia se a verdade está em outro lugar? De que serve fazer cara feia quando elas folheiam o catálogo da Victoria Secret's se eu fico olhando com grande interesse por cima dos ombros delas? ("Esperem, esperem. Voltem a página.")

Pois bem. Eu coloquei uma dezena de versões da mesma questão. Agora vamos finalmente à resposta – dada não por mim, o Apóstolo, mas pela RP de uma agência chamada Kathryn Woods. "Não é preciso ansiedade nem conflito entre a beleza interior e a exterior na propaganda", disse ela, "contanto que a gente consiga ser inteira, acho".

Ser inteira! Agora, sim, e fiquei absolutamente *passado*! É claro! Gente com vida interior *e* um exterior bonito. Nada mais perfeito. E, tal como a revelação de Dorothy na Oz liberada, eu acho que sempre soube disso – ou pelo menos sei desde o "Perfil de Dewars" de Sheila Ann T. Long, de 1973, uma cientista espacial empenhada em mapear o campo eletromagnético do mundo. Uma cientista espacial de 28 aninhos, linda de morrer, fotografada numa sala de aula da Old Dominion University, diante de um quadro-negro cheio de fórmulas físicas e com uma expressão que proclamava inequivocamente, "Pilote-me".

Ocorre que esse anúncio foi tema de um fascinante jornal estudantil – um jornal estudantil *meu*, pressagiando misteriosamente uma heróica carreira de crítico de propaganda. "Eles te pegam pelo teu esnobismo inerente de bebedor de uísque", escreveu o jovem Robert Garfield para Inglês 115. "Eles te pegam pelo teu desejo de te identificar com pessoas extraordinárias. Eles te pegam pelo saco." Muito bem dito, meu filho. A dra. Long não tinha o perfil do consumidor de Dewars por ser física. Mas era um perfil de Dewars por ser uma física de fechar o comércio – e, embora talvez não seja leal, eu tenho de confessar: comigo funcionou. (Tenho muita satisfação em contar que, apesar de vários erros de ortografia, eu tirei A – nesse trabalho. Também tenho o prazer de contar que, dois anos depois, a pesquisa científica da dra. Long para a NASA também rendeu um trabalho bem parecido com o meu, só que o dela se intitulava "Derivation of Transformation Formulas Between Geocentric and Geodetic Coordinates for Nonzero Altitudes" [Derivação das fórmulas de transformação entre coordenadas geocêntricas e geodésicas para altitudes não-zero]. Está disponível on-line, se bem que eu prefiro esperar a estréia do filme.)

Para falar com franqueza, eu gosto de mulher bonita. Houve ocasiões em que cheguei a ser indecoroso nesse aspecto, deixando que o meu olhar apreciativo fosse um pouco mais do que libidinoso. Não me orgulho disso, exatamente, mas tampouco o nego. Talvez eu seja uma vítima inocente da cultura sexista. Talvez seja um animal instintivo agindo a partir do meu código genético. Talvez seja um bode. Talvez apenas um porco. Mas, como o meu querido Popeye enunciou com tanta eloqüência a proposição, "Eu sou o que sou e isso é a única coisa que eu sou". O que vale para quase todo mundo.

Será que Sheila Ann T. Long, Ph.D., foi um pouco idealizada? *Claro* que foi, mas nós estamos falando de propaganda, não de documentário. Ela é real, é uma pessoa inteira, inteiríssima até, e isso corresponde perfeitamente ao padrão.

Infelizmente, a propaganda não só não tem o menor interesse como não tem a menor capacidade de retratar uma pessoa inteira. Esteja certo de que, se a propaganda tentasse, o resultado seria um mínimo irrisório de cientistas da vida real assombrosamente esplêndidas e um monte de descrições pasteurizadas, irreais, de supermodelos/humanitárias posando para a *Vogue* de manhã e viajando a Burundi à tarde para prestar serviço no hospital. (Aliás, nos anos setenta e oitenta, a propaganda bem que criou tais idealizações ridículas da supermulher e ainda conseguiu ser padronizada. Num memorável exemplo do espelho distorcido da indústria, um filme de televisão para a Prudential Bache mostrava uma enérgica advogada recebendo o prêmio de ser acolhida como sócia do escritório de advocacia. Então, o sócio mais antigo chamava de lado a bonita e competente colega e lhe dava o cartão de visita do seu corretor – porque, embora fosse uma jurista brilhante, é claro que ela não era capaz de administrar a riqueza recém-adquirida sem a ajuda dos homens.)

A resposta, pois, não está em fundir as Muitas Facetas de Todo o Mundo; trata-se de evitar retratos que coisifiquem tanto, limitem tanto, que sejam estéreis de caráter a ponto de eliminar de antemão qualquer chance de imaginar o retratado como uma pessoa inteira, ou de o consumidor-alvo se imaginar uma pessoa inteira – e não um feixe de glândulas empunhando o controle remoto.

Em outras palavras, nós precisamos é ver pessoas *potencialmente* inteiras. Isso permitiria a muitas beldades até agora vistas com desaprovação – por exemplo, a modelo da Maidenform, desde que seja apresentada não como um cabelo bem penteado e um par de tetas, mas como uma pessoa, uma pessoa inteira – exercer o seu direito divino de ficar mais bonita com um pulôver justo. Mesmo a aplicação desse padrão simples não justificaria a apresentação da mulher como um brinquedo sexual. Rebecca Romijn-Stamos poderia continuar trabalhando – quando terminasse de beber o leite –, mas a outra moça tiraria da mesa de bilhar aqueles seios de *videogame*. Pode ser que eu desse uma olhadela culpada, admiradora, na bonita modelo de sutiã e calcinha no catálogo de *lingerie*, mas continuaria boicotando o número da *Sports Illustrated* dedicado aos maiôs e biquínis só para homem ver.

Não sei dizer se isso é mero retrocesso moral ou um reparo aos exageros da correção anterior. O que eu sei dizer é que os valores mudam, os padrões se deslocam de modo quase sempre imperceptível, sem a perspectiva da distância e do tempo. É por isso que esses instantâneos são tão úteis. Eles não chegam a dizer se a cultura está avançando ou regredindo, mas decerto mostram o que mudou desde que o último filme foi revelado.

Falando por mim, como crítico, eu cedi aos desejos das minhas filhas e passei a ser menos estridente ao atacar o imperativo da beleza. ("Eu não leio a *Cosmo* para me realizar", explicou a minha menina de vinte anos. "Leio-a por causa das sugestões de maquiagem.") Por outro lado, os valores da sociedade são uma coisa, e os meus, outra bem diferente. E continuo fazendo o que está ao meu alcance para que Ali Landry – mesmo que o seu corpo de boneca Barbie esconda uma madre Tereza interior – suma de vez do nosso televisor e da nossa vida com o seu número de passarela para vender os Doritos sabor churrasco.

CAPÍTULO **5**

OGILVY ERROU

Esta é uma excelente ocasião para recordar Larry Walters.

No dia 2 de julho de 1982, ele pilotou a sua aeronave experimental *Inspiration I* cerca de 5 mil metros acima de Long Beach, na Califórnia, e do Oceano Pacífico. Então com 32 anos, o motorista de caminhão de North Hollywood fez isso, desafiando os cépticos, a fim concretizar o sonho de toda a sua vida de impelir o contêiner da realização humana e se alçar à remota vastidão azul. O seu plano de vôo incluía uma viagem ao leste muito acima do deserto Mojave, mas, posto que esse explorador intrépido tivesse as qualidades necessárias, faltava-lhe praticamente tudo o mais. Ventos desfavoráveis impeliram a aeronave na direção oposta.

Os pilotos comerciais ficaram intrigados ao dar com as pistas de aterrissagem do aeroporto de Los Angeles invadidas pelo *Inspiration I*, que consistia em 42 balões meteorológicos militares (usados) presos ao módulo de comando por um cabo de quinze metros.

O módulo de comando era uma espreguiçadeira de alumínio da Sears. Nela reclinado, Walters tiritava no ar glacial das alturas. Ao contrário das notícias anteriores, divulgadas pela mídia ávida por ridicularizá-lo, não estava tomando cerveja. Estava era tratando de dar um jeito de sair de lá.

O comandante Walters pretendia voar a apenas trezentos metros de altura, mas percebeu, antes mesmo de decolar, que os seus cálculos possivelmente careciam de precisão. Por isso, foi equipado exatamente para tal eventualidade. Levava no colo um "dispositivo de ajuste rápido de altitude" (i. e., uma espingarda de chumbo), com o qual, ao chegar a uma altura que lhe dificultava a respiração, ele disparou em vários balões. Então foi descendo pouco a pouco a um bairro de Long Beach, onde a sua aeronave se enroscou nuns fios de alta tensão, deixando uma parte da cidade vinte minutos sem luz.

E o que levou esse Ícaro dos tempos modernos a testar os limites de um móvel de jardim dobrável? "Era uma coisa que eu precisava fazer", declarou ele ao *Los Angeles Times*.

Não, não era. Arriscar morrer numa espreguiçadeira não era uma coisa que Larry Walters precisava fazer. Mas, como milhões de compatriotas norte-americanos, Larry era uma besta.

É claro que a burrice se apresenta nas mais diversas formas: falta de juízo, como no caso de Larry; falta de intelecto; falta de conhecimento; falta de compreensão; falta de curiosidade; falta de consciência; falta de bom senso. Não é por excesso de zelo que os vidros de perfume trazem a advertência "Não aproximar do fogo"; é por dolorosa experiência. Do mesmo modo, certos carrinhos de bebê alertam o consumidor: "ATENÇÃO: tire a criança antes de dobrá-lo". Os anais dos litígios pela confiabilidade do produto são um atestado permanente da prodigiosa estupidez do público em geral. E a estupidez se manifesta de muitas deliciosas maneiras.

Eu mesmo estive no salão de conferências de um hotel de Alexandria, Virgínia, vendo um sujeito chamado Erik Shrader garantir que as pessoas podiam ganhar, rapidamente, 9 milhões de dólares por mês, graças a uma oportunidade de marketing multinível chamado Omni Card, um cartão de crédito concebido, disse ele, para funcionar ao contrário: *pagando* para você gastar dinheiro. Por uma taxa de adesão de apenas sessenta dólares e mais 25 por mês, o seleto grupo ali reunido tinha a oportunidade de recrutar outros para o doce negócio oferecido. Entre os que escutavam tudo isso, havia uma mulher chamada Cláudia, de blusa vermelha estampada, colete vermelho, um *button* que dizia "Eu amo a Herbalife" e com o cabelo mais armado do mundo.

"Eu quero participar!", exclamou ela, já com o talão de cheques na mão.

Alguns anos depois, num estacionamento de Grenada Hills, Califórnia, eu vi outra senhora desembolsar 5 mil dólares por uma oportunidade de negócio assim descrita por uma promotora chamada Holly: "Comprar ações de uma empresa que vai fazer bem para o meio ambiente, assim como para o seu bolso é, *per se*, a menor quantidade de dinheiro que eu já vi alguém gastar para participar de um negócio capaz de dobrar o seu investimento inicial em apenas dez meses e de render, no segundo ano, de 20 mil a 30 mil dólares ou até mais, dependendo da sua agressividade".

A indústria específica? Criação de minhocas.

Claro, para entender a vastíssima reserva de patetice dessa nação e o seu correspondente vazio de sofisticação, não é preciso farejar os golpes do "enriqueça logo" aplicados nos mais crédulos. Basta ir ao shopping e apurar os ouvidos. Recentemente, numa loja de vídeos, eu escutei a seguinte conversa de dois adolescentes embevecidos com a capa obscena de um filminho idiota de Hollywood.

Adolescente 1: "Uau! Ela é um tesão!"

Adolescente 2: "É. Sabe o que eu reparei na televisão? Mesmo as garotas mais feias da televisão são mais gostosas do que as garotas mais gostosas do colégio."

Grande *insight*, rapazinho. Uma vez, na fila de um cinema em Minneapolis, o meu irmão escutou a conversa de duas pessoas que estavam na frente dele e acabavam de se reconhecer – eram ex-colegas de escola e fazia anos que não se viam:

Homem: "E o que você faz agora?"

Mulher: "Eu sou, bom, eu sou cabeleireira. E você?"

Homem: "Sou do FBI."

Mulher: "Que legal!... O que é isso?"

Homem: Ahn, o Federal Bureau of Investigation"

Mulher: "Ah, é! Sei! Que ótimo!... Quer dizer que, isso é o quê? Uma financeira?"

Não há por que se surpreender com o fato de essa moça ter chegado à idade da razão, nos Estados Unidos da América, sem registrar a existência da polícia mais famosa do mundo. Provavelmente, a *Cosmopolitan* não escreve muito sobre o FBI.

OS 10 MANDAMENTOS DA PROPAGANDA

Aliás, em matéria de leitura, vale a pena notar que a circulação conjunta da *New Yorker* e da *Atlantic Monthly* – as duas revistas mais amplamente divulgadas de jornalismo, crítica, ficção e humor sofisticados – é de 1,45 milhão. Isso corresponde a menos da metade da circulação do *National Enquirer* e da *Soap Opera Digest*. Só para ampliar um pouco a perspectiva, eis um trecho da entrevista de Suzanne Byrne, que representa a dra. Olivia Winters em "The Young and the Restless" [Os jovens e os inquietos] da CBS, a Tonya Lee Williams da *SOD*.

Byrne: "Você acha que Liv está mesmo apaixonada por Neil?"
Williams: "Eu acho que ela acha que está. Na cabeça de Olivia, há alguma coisa entre eles que vem de muito tempo atrás. Na realidade, eu não sei se há mesmo alguma coisa ou se ela só se convenceu de que eles formam o casal mais compatível do mundo. Não tenho certeza de que ela vê em Neil o que ele é hoje. Mas Olivia acredita que eles são, e isso é o que importa."
Byrne: "Mas parece que Neil está de olho em Alex. Como Olivia se sente com essa nova rival?"
Williams: "Olivia não vai com a cara de Alex. Alex representa tudo que Olivia detesta nas mulheres profissionais. Ela é hostil e dura – mais importante ainda – está saindo com o ex-marido de Olivia. Mas, por mais que Olivia não goste dela agora, eu acho que ela vai enlouquecer completamente e desprezar a mulher quando descobrir que Neil também sente alguma coisa por Alex."

Repare só na estupidez: Olivia, Neil e Alex são personagens imaginárias.

Quanto ao *Enquirer*, na sua primeira edição posterior ao 11 de setembro de 2001 e à catástrofe do World Trade Center, que matou 3 mil pessoas e fomentou uma guerra global, a sua manchete foi a seguinte: "Tom: Eu Sei Quem Engravidou Nicole". Além disso e, enfim, como eu não acredito que essas palavras exijam floreios: Luta Livre.

O CONSUMIDOR-ALVO NÃO TOMA CHAI

Já é lugar-comum dizer que a propaganda insulta a inteligência das pessoas e, às vezes, isso não deixa de ser verdade. No entanto, é justamente o contrário que ocorre com mais freqüência. A propaganda dá mais crédito ao cérebro, ao discernimento e à sofisticação do que convém – pouco importa no que o seu senso inerente de igualitarismo e respeito pelas lendas já falecidas da propaganda o leva a acreditar. Sim, eu estou me referindo a David Ogilvy, famoso pela sua observação: "O consumidor não é um debilóide. Ele é a sua mulher."

Bem, David, que Deus o tenha em bom lugar, mas não é bem assim. O consumidor – o consumidor médio – não é a mulher de um publicitário. É Cláudia, a otária do Omni Card. É a mocinha na fila do cinema. É Holly, a criadora de minhocas *per se*. Ou, prototipicamente, é Wanda, a esposa de um operador de empilhadeira de um supermercado Piggly Wiggly de Chattanooga, Tennessee. Assiste a *"Temptation Island"*. Não lê jornal desde o tempo em que tinha aula de Educação Cívica no colégio. A sua linda casinha está entupida de móveis estofados de veludo, e as suas paredes, cobertas de bugigangas da Bradford Exchange. O disco de colecionador "Precious Moments", tipo *Footprints in the Sand*, é o seu preferido, se bem que ela também goste do *Elegant Dancers* com dois alegres golfinhos na capa, brincando no azul do mar.

E, geralmente, não tem a mais vaga noção do que você está querendo dizer. Aqueles ursos repetindo: *a mais vaga noção do que você está querendo dizer.*

Esse é o grande problema da propaganda. Os publicitários passam o tempo todo criando anúncios para outros publicitários ou para si próprios. Com muita freqüência, escrevem anúncios para outros publicitários ou para si próprios e ganham prêmios por isso. Mas os clientes não ganham prêmio nenhum. Ganham é fracasso, porque, de algum modo, na euforia do processo criativo, acabam caindo nas garras dos Inteligentes que, tipicamente, não entendem como é o público-alvo – ou o mundo em geral. Ou, em outras palavras: não têm a menor idéia daquilo de que o consumidor potencial não tem a menor idéia.

Não é necessariamente uma questão de QI (embora às vezes a propaganda mais inteligente seja inteligente porque entende a parte mais larga da curva do sino). É sobretudo uma questão de sensibilidade. Por exemplo, como eu já observei na minha coluna, você pode visitar todos os saguões de recepção de todas as agências de propaganda de todas as cidades, mas nunca, *nunca mesmo*, vai ver um sofá grande, com apliques de bordo nos braços e estofamento de *tweed* marrom, nem com uma águia de peltre pendurada na parede, segurando flechas nas garras.

Por que não? Ora, em primeiro lugar, como deve dizer qualquer um desses caras vestidos de preto, porque isso é feio, conforme a ciência, a natureza e as leis imutáveis do cosmo. O pessoal culto, urbano, litorâneo e geralmente abastado do mundo da propaganda simplesmente não é um bando de caipiras americanos. Aliás, *tanto* não é um bando de caipiras americanos que, confiantes do seu gosto aprimorado e satisfeitos com a sua superioridade estética, eles praticamente nem *sabem* da existência de um bando de caipiras americanos.

Mas eis o problema: a maioria do país consiste num bando de caipiras americanos. Há uma população enorme lá fora que não lê a *Architectural Digest*, não assiste a filmes estrangeiros e não toma *chai*. Lê *Parade*, assiste a Stallone e se encharca de cerveja. Nixon chamou essa população de Maioria Silenciosa, e nisso até que ele acertou. A Maioria Silenciosa existe. É aquilo que atualmente chamam de Americano Médio, e não é preciso ir ao interior para encontrá-lo. Sem dúvida, ele está muito bem representado no Iowa, a sensível capital mundial do sapato, mas também em Pasadena e Miami e Queens, Nova York. Come macarrão Kraft e queijo, lê romances românticos e fuma como uma chaminé. Não sabe quem foi Robert Mapplethorpe, não entende por que os sofás caipiras (ou, pior, os módulos "contemporâneos" com apliques cromados) hão de ser chacotas do plano de Deus, mas, com toda certeza, tem dinheiro de sobra para comprar os produtos que a turma da propaganda, na sua estupidez, insiste em anunciar pernosticamente para o seu próprio eu elitista.

VEJA O DICK. VEJA O DICK CORRER.
VEJA O SORRIDENTE DICK CAIR DE CARA NO CHÃO.

Para citar um pequeno exemplo: um filme da Philips anunciando o televisor de plasma, cheio de jovens extravagantes e tensos "informateiros" da Baixa Manhattan. Ótimo – só que o pessoal que compra televisor de 4 mil dólares geralmente fica sentado numa poltrona bem fofa, assistindo a "Cops" ou a "O toque de um anjo" ou a NASCAR. Só por curiosidade: se o seu público-alvo não é o dos jovens "informateiros" ultramodernosos da Baixa Manhattan, por que diabo você povoa o seu comercial de personagens com os quais o seu público não só não se relaciona nem de longe como, provavelmente, tem por eles um desprezo visceral?

Eu podia citar dezenas de exemplos de anúncios que fracassam antes mesmo de sair da agência, simplesmente porque estão fora do alcance – ou, mais precisamente, fora de sintonia com a vida do seu alvo principal. Mas, não, vamos falar apenas em duas campanhas que, por coincidência, são obra do mesmo publicitário. Um deles é um exemplo brilhante de como um comercial de televisão espirituoso e divertido consegue forjar uma relação com o consumidor-alvo porque entende perfeitamente as suas preocupações, as suas alegrias, os seus preconceitos, as suas idiossincrasias – em suma, o seu estilo de vida. O outro é um exemplo quintessencial de como um comercial de televisão espirituoso e divertido é capaz de devastar uma das maiores marcas do mundo.

A marca é a Miller Lite. Você conhece a história básica; está nos anais do marketing, é um marco triunfal erigido – iniciado em âmbito nacional em 1975 – sobre a convergência da mera demografia com os meros carboidratos.

Bem quando a barriga dos *baby-boomers* bebedores de cerveja começou a se dilatar, eis que chegou a atraente promessa da Lite: "É deliciosa! Engorda menos!" Ocorre que a Lite não era deliciosa; era aguada. E o "engorda menos" não passava de um eufemismo para menos álcool. Mas essa era uma concessão com que os *baby-boomers* roliços podiam conviver. Graças a anos de anúncios engraçados da antiga agência Backer & Spielvogel, apresentando "autodepreciativos" ex-atletas discutindo a primazia dos benefícios da marca dual, a Lite chegou a ser a segunda cerveja dos Estados Unidos, destinada, ao que parecia, a ameaçar até mesmo a Budweiser.

Infelizmente, não chegou a tanto (se bem que a Bud Light chegaria em 2001). Em 1990, as vendas subiram a 19,9 milhões de barris, com uma participação de 10,3%. Foi quando a Miller e a sua nova agência, a Leo Burnet USA, decidiram que os ex-atletas já não eram pertinentes. Reposicionaram a marca não como a melhor cerveja *light*, e sim como a melhor cerveja, ponto final, para a geração jovem disposta a se divertir. Cerveja para todo mundo, pode-se dizer.

Não funcionou. Uma sucessão de campanhas deu de cara na parede, inclusive "Isso é isso e aquilo é aquilo", "A sua cerveja consegue fazer isso?" e "A vida é saborosa". E 1997, as vendas caíram para 15,9 milhões de barris e a participação no mercado foi de apenas 8,5% – um declínio parcialmente atribuível ao fato demográfico de os *baby-boomers* já terem passado da idade de encher a cara. Mas também é verdade que os próprios bebedores mais jovens, criados numa cultura de malhação e academias, preferiam cervejas *light*. Mas a que eles preferiam era a Bud Light.

Talvez isso se deva ao fato de que a Anheuser-Busch apoiava com determinação a sua marca, ao passo que a Miller esbanjava recursos em busca de nichos transitórios como a Southpaw Light, uma falsa cerveja de "butique", e a absurda e desastrosa Miller Clear. Mas também se deve à própria propaganda. Adotando boa parte da estratégia criativa da Burnett, a DDB Worldwide inventou chamadas imitando a memorável chamada da Bud Light. Sim, foi isso o que eles fizeram. E as pessoas até que gostaram muito. Enquanto isso, a Lite foi sumindo na distância. Perdendo terreno e perdendo a esperança, a Miller recorreu à Fallon McElligott de Minneapolis, uma das agências mais criativas do mundo. A Fallon reagiu não procurando descobrir a essência da marca Lite ou alguma coisa pertinente para dizer ao consumidor, mas simplesmente tentando imbuir a Lite de mais personalidade do que concorrência. O resultado foi a "Dick", uma campanha publicitária sobre o processo de criação da propaganda:

"Este é Dick", assim começava o filme introdutório na televisão. "Dick é um marqueteiro *superstar*, o homem atrás do comercial a que você está prestes a assistir. Nós demos a Dick uma embalagem de meia dúzia de Miller Lite e um pouco de dinheiro e lhe pedimos para fazer um comercial para a Miller Lite..."

Só que "ele" não fez. Apareceu com umas piadinhas internas, uns divertidos gráficos datados e diversos comerciais autocomplacentes sobre o tal Dick.

Um dos primeiros apresentava um homem solitário, de chapéu, gravata borboleta e paletó, andando em meio a um trigal. Só quando ele saía das ondas do cereal é que se via que ele estava sem nada da cintura para baixo – a não ser o logotipo da Lite. Em outro da primeira série, um mágico fazia desaparecerem uns roedores pequenos e peludos – cujos pêlos se materializavam nas axilas de sua voluptuosa ajudante.

Essencialmente, os criadores dessas falácias ridículas estavam imitando as suas falácias igualmente ridículas do tempo em que trabalhavam na DDB Paradiset, a agência de Estocolmo que impressionou Cannes com uma campanha cheia de pose, cheia de ironia, cheia de referências à cultura *pop* para o *jeans* Diesel. E a estratégia – tal como era – era exatamente a mesma: conquistar os jovens bebedores de cerveja ridicularizando a própria noção de propaganda e eludindo dúbias afirmações positivas sobre a marca. Queriam chamar a atenção para anunciar o quanto eles eram subversivamente absurdos.

Tudo bem, esses filmes engenhosos e excêntricos eram desafiadoramente pós-modernos, e não faltou quem se deixasse enganar. Confundiram a cínica bufonada da campanha com clareza de pensamento, convencidos de que a Dick – que, aliás, também é o apelido de um famoso órgão sexual* – era a apoteose da antipropaganda. Mas não era nada disso. Não passava de propaganda, um tipo particularmente fanfarrão e masturbatório de propaganda.

Ora, isso não era fantástico? Os otários e os paranóicos passaram quarenta anos acreditando que os diretores de arte manipulavam a libido do consumidor escondendo pênis nos comerciais e, puxa vida, falando coloquialmente, cortesia da Fallon McElligott, lá estava um. Explícito. Oh, esses garotos depravados e o seu excêntrico exibicionismo! Oh, as piscadelas sabichonas no *High Camp* da auto-referência! Oh, o gênio da GeneratioNext adulando com "como vocês são modernosos, sofisticados e comunicativos!"

Ai, quanta burrice.

Essa campanha teria sido absolutamente perfeita se visasse aos diretores de arte suecos de 38 anos, com diploma universitário, obcecados pela cultura *pop* norte-americana. Mas não – foi um fracasso imediatamente evidente para os atacadistas e varejistas de cerveja, para os críticos de propaganda e para todo mundo, exceto a própria agência. Eu adoro ler e reler trechos de um artigo que o executivo da Fallon, Mark Goldstein, publicou em 1998 numa revista de comércio chamada *Integrated Marketing & Promotion*: "Nós temos muita noção do que o consumidor vai permitir que uma marca seja. O melhor exemplo é provavel-

---

* *Dick*, em inglês, também é uma designação chula do pênis. (N. T.)

108   OS 10 MANDAMENTOS DA PROPAGANDA

mente o mais controverso, a Miller Lite. A *Advertising Age*, como de hábito empoleirada no alto dos anos cinqüenta, atacou brutalmente a campanha da Miller Lite [...] Na verdade, antes mesmo que o primeiro filme da Miller fosse divulgado, nós sabíamos que ele seria vencedor. O consumidor nos contou. O planejamento de contas pavimentou o caminho para uma campanha que – embora confusa para os quarentões – foi um raio *laser* para os homens de 21 a 25 anos de idade."

Pois bem, empoleirado aqui no século XXI, eu acho que posso concluir com toda segurança que a Dick não foi nenhum raio *laser*. Foi mais um bacamarte fazendo um pouco de barulho, soltando um pouco de fumaça e nada mais. Resultou que os homens de 21 a 25 anos de idade não se deixaram cativar pela campanha. Ficaram sobretudo perplexos. E a maior parte dos bebedores mais velhos – o núcleo da franquia da Miller Lite – ficou indiferente. Ou sumamente irritada. Ah, claro, houve alguns que de fato gostaram do jeitão modernoso e emproado da campanha, mas a maioria não, e a propaganda de cerveja é uma proposição para a maioria – inclusive para um grande número de incorrigíveis panacas. Não é de gosto sofisticado que nós estamos falando. Ele é mais bem servido com substância ou até fantasia, não com falso niilismo.

Quando a Miller finalmente deu uma de Lorena Bobbit* com o "*Dick*" da Fallon – apesar dos vários milhões de dólares gastos em propaganda e dos grandes descontos no atacado a fim de aumentar artificialmente o volume – a participação no mercado da Lite caíra ainda *mais*, para 7,9%. A "Dick" não fracassou por falta de inteligência. Sinceramente, era muito inteligente e, para um olho perspicaz, substancialmente brilhante em vários pontos. (Um filme posterior mostrava um cara de cueca, na cozinha, rodopiando diante da sua garrafa de Lite, numa dança dos anos sessenta. Por fim, um *close-up* da garrafa explicava o porquê daquilo. Na tampa estava escrito, "Gire para abrir". Palavra de honra, era mais engraçado e encantador do que as palavras podem dizer e, enfim – ao

---

* Lorena Bobbitt, de Manassas, Virgínia, cortou o pênis do marido com uma faca de cozinha em 1993. A seguir, fugiu com o pedaço decepado e o jogou num terreno baldio pela janela do carro. Encontrado pela polícia, o órgão foi reimplantado. Ao depor, Lorena explicou que queria se vingar do marido "egoísta" que "não lhe proporcionava orgasmo". (N. T.)

contrário da maioria dos filmes anteriores da campanha –, falava expressamente em cerveja, em beber cerveja.) O problema foi a óbvia escassez de olhos perspicazes no público-alvo. Em outras palavras, a campanha gorou por ser inteligente demais.

A FITA *SILVER TAPE* E DARRYL

Curiosamente, mais ou menos na época em que o anunciante estava disposto a se livrar da "Dick", a Miller Brewing Co. iniciou uma campanha perfeita da Miller Lite. Era engraçada, direcionada, pertinente, centrada na demografia. Só havia um problema. A tal campanha perfeita da Lite – pelo menos que devia ser da Lite – foi lançada para a Miller High Life.

A High Life era uma antiga e venerável marca que, em 1989, foi dada como morta por aquelas mesmas mentes astutas do marketing que deixaram a Lite em seu lamentável estado. "O champanhe das cervejas" tinha virado um mero figurante mal anunciado e desfalecendo deploravelmente no segmento de preços módicos. Como foi possível tanta negligência com uma cerveja que chegou a superar as vendas da Budweiser é mais uma história para os anais, mas vamos deixar isso de lado. Em 1998, a Miller resolveu injetar um pouco de vida no seu produto moribundo, a sua ex-estrela, com uma campanha da Wieden & Kennedy, Portland, Oregon – campanha essa que demonstrou que alguém, na cervejaria, finalmente estava usando a cabeça. A série de filmes de quinze segundos provou, entre outras coisas, que inteligência não significa ser considerado inteligente por quem toma bebidas importadas e chiques cervejas artesanais com as mais diversas tonalidades terra, e sim por aqueles que se pode esperar, razoavelmente, que comprem o seu produto. Você sabe: os caras chamados Darryl.

Darryl é o marido de Wanda. Mora em Chattanooga. Suou muito para concluir o ensino fundamental. É operador de empilhadeira/*trainee recém-formado em administração* no Piggly Wiggly. Ama a Deus, a pátria, a mãe, o pai, a madrasta, o padrasto, Jeff Gordon e os trechos cortados dos vídeos do "Jerry Springer Show". Bebe 80% da cerveja dos Estados Unidos e – tenha ele 33 anos e já esteja meio sem gás, tenha dezoito e acabe de inaugurar os seus primeiros porres – não está nada interessado na absurdidade pós-moderna. Darryl não é burro, mas tampouco é sofisticado. E o fato de ser jovem, estar ligado na mídia e usar brincos não quer dizer que ele seja um conhecedor da mídia. Darryl não entende ironia. Mas costuma ficar com sede.

As cervejarias o conhecem há anos, é claro. Por isso a propaganda de cerveja, historicamente, procurou tocar a sua sensibilidade: patriotismo inquestionável, orgulho de ser trabalhador, bonitas gatinhas espremidas na roupa como um médico de seguro numa luva de látex. Mas a moda agora é fazer Darryl rir. Há uma década que a Bud Light vem trabalhando muito bem nisso, principalmente ao mostrar o esforço de um punhado de maridos submissos para engambelar a esposa nos fins de semana e enxugar umas cervejas enquanto assistem ao esporte na televisão. A Bud tem rãs, lagartos e caras dizendo *"Whassssuuuuuup?"* Quanto à Lite, bom, como a gente sabe, ela acaba de deter o mercado de doutores em semiótica preocupados com o excesso de calorias. Pois bem, como fazer com que a High Life fosse engraçada e, ao mesmo tempo, se diferenciasse da graça dos produtos da Bud, sem despertar a hostilidade de Darryl e dos seus amigos de boné de beisebol? A resposta foi inspirada: uma série de filmes caçoando com delicadeza e reverência de todos os valores que Darryl tem em alta estima.

Um deles – que serviu de vitrine – mostrava um sujeito no telhado de casa, fazendo um importante conserto com fita *silver tape*.

"O Homem da High Life sabe que, se os faraós tivessem fita *silver tape*, a esfinge ainda estaria com o nariz no lugar", dizia o locutor com voz uniforme, grave e séria. "Parabéns, fita *silver tape*. Você ajuda os homens a terem o Tempo Miller."

Outro mostrava um cara comendo *doughnuts* ao mesmo tempo que consertava o carro: "O açúcar de confeiteiro nesse *doughnut*", afirmava o locutor, "ergue uma barreira semiprotetora entre a sua impressão digital e a sua nutrição". E ainda outro mostrava um sujeito lutando para entrar na garagem rebocando um barco, para sofrimento do vizinho e grande decepção do locutor: "Foi-se o tempo em que um homem sabia comandar o seu próprio veículo. Até onde nós estamos dispostos a afundar? Melhor voltar a travar conhecimento com a High Life, soldado, antes que tentem lhe tomar o seu Tempo Miller."

A campanha, que acaba de chegar ao quarto ano enquanto escrevo, chamou a atenção de Darryl não por ser excêntrica, e sim por capturar de modo hilariante os ritmos da vida. O humor em torno dos pecadilhos da demografia prestou um cálido tributo ao consumidor, não à equipe de criação. Honrou Darryl provocando-o, mas nunca sendo arrogante com ele. Longe da condescendência petulante da Dick, essa campanha soube respeitá-lo tal como ele é.

E, ao contrário de tudo quanto a Miller fez durante toda uma década, ela funcionou. A High Life adquiriu volume – um crescimento de cerca de 4% –, porém, mais importante, deteve a queda vertiginosa da participação no mercado. O antigo champanhe das cervejas declinou para uma patética participação de 2,6% na venda interna de bebida. Neste momento, a High Life está flutuando entre 2,8% e 2,9% – ainda é bem pouco, mas avança claramente na direção certa. Além disso, está fazendo isso, uma vez mais, com preço premium.

Agora veja bem: eu não estou propondo de modo algum que as pessoas que criam campanhas publicitárias procurem o mínimo denominador comum. Seria loucura. A propaganda de televisão passou décadas fazendo isso e até hoje está pagando em desafeto, desconfiança e até hostilidade do consumidor pelas mensagens dos comerciais. A noção de que a propaganda insulta a inteligência das pessoas virou lugar-comum porque, nos trinta primeiros anos de existência, os comerciais *insultaram* rotineiramente a inteligência das pessoas – além de lhes impor a submissão com mensagens de marca e falsas Propostas de Venda Exclusivas usadas como cassetetes. Essa pancadaria implacável pode ter parecido útil naquele tempo, quando a antiga agência Ted Bates, por exemplo, não poupava irritação nem exagero para comunicar alguma duvidosa qualidade de marca. Ninguém jamais questionava a utilidade das personagens "humorísticas" como Josephine, a Encanadora (Comet Cleanser), ou Madge, a Manicure (Palmolive Liquid), para intimidar os espectadores com reiterações supostamente cômicas e cada vez mais insuportáveis do mesmo argumento de venda. Parecia que ninguém notava que a agressão ao espectador cobrava o seu preço, mesmo quando os anunciantes tiveram de exigir ainda mais espaço de mídia para obter o mesmo efeito. Era como produzir eletricidade queimando carvão betuminoso barato e cheio de enxofre. A curto prazo, parecia um bom negócio, mas a despesa a longo prazo para tirar o dióxido de enxofre da atmosfera aumentou extraordinariamente o custo do negócio para todos. A propaganda que

112 OS 10 MANDAMENTOS DA PROPAGANDA

poluía as ondas de rádio teve um efeito paralelo – um efeito que ficou especialmente visível quando desapareceu o universo de três emissoras. Súbito, os consumidores ficaram conectados a cabo, armados de controle remoto e capazes de obliterar qualquer comercial que não lhes parecesse instantaneamente interessante. Coisa que eles faziam alegremente. A quantidade de peso de mídia, medida em *Gross Ratings Points*, exigia que se obtivesse o mesmo efeito em, digamos, recordação espontânea, ampliado. Uma barganha.

Assim – num ambiente TiVo de cem canais –, é claro que a propaganda tinha de divertir, seduzir, entreter ou cativar de algum modo o telespectador enquanto se ocupava do seu negócio. O tempo do impacto e dos longos discursos acabou há muito, e já vai tarde. Mas o que diverte, seduz, entretém e cativa a mim, a você ou a uma sala de conferência repleta de publicitários sediados em Soho pode ser muito diferente do que diverte, seduz, entretém e cativa Wanda e Darryl e os exatos 50% do público consumidor que são mais burros do que a média. Tenha em mente que você precisa impressionar o público-alvo mesmo que, muito provavelmente, o público-alvo não o impressione. Eu passei um tempão invocando Shakespeare neste livro, e vou fazer isso mais uma vez, porque Shakespeare internacionalizou esse conceito como ninguém. Sim, as suas peças eram obras-primas poéticas, com um conhecimento incrível da psicologia humana, mas, para a grande parte da curva do sino elisabetana que lotava o Globe Theater, as peças também eram dramalhões perfeitamente acessíveis, com enredos complicados, personagens sinistras, identidades trocadas, sexo e abundância de brutalidade. Quando, em *Hamlet*, Polônio deu os conselhos de despedida a Laerte ("Não peças nem dês emprestado [...] sê sincero contigo mesmo", etc.), podia ter acrescentado facilmente, "Conhece o teu público". Com isso em mente, eu o deixo com mais um item dos anais do gênio da espreguiçadeira de alumínio:

> BUXTON, N. C., 9 de agosto de 1997 (AP) – Um homem morreu soterrado numa praia quando estava no buraco de 2,5 metros de profundidade que ele mesmo havia cavado na areia. Os banhistas disseram que Daniel _____, 21, cavou o buraco, quinta-feira, para se distrair ou para se proteger do vento, e estava no fundo, sentado numa cadeira de praia, quando a

areia desabou, cobrindo-o com 1,5 metro de areia. As pessoas, na praia de Outer Banks, usaram pás e as mãos na tentativa de chegar a _____, que morava em Woodbridge, Virginia, mas foi inútil. Mesmo usando equipamento pesado, a equipe de resgate levou quase uma hora para desenterrá-lo, enquanto cerca de duzentos curiosos observavam. _____ foi declarado morto no hospital.

Declarado morto, o pobre tolinho, tal como a campanha da Lite e mil outras que desabam sobre si mesmas por falta de uma estrutura estratégica, ainda que rudimentar, para calçar as suas paredes de areia.

CAPÍTULO **6**

FIQUE À VONTADE

Já sei, já sei. Todo mundo tem lá os seus problemas, mas eu tenho enfrentado os meus *piores* dez anos de convivência com a propaganda. Você não vai acreditar em certas coisas que aconteceram comigo.

Primeiro, em 1993, tive um emprego temporário de deita-regras na CBS, como freqüentador assíduo de um programa matinal, no qual esperavam que eu tecesse as críticas mais divertidamente corrosivas aos comerciais de televisão. Mas um dia me pegaram no Salão Verde, tecendo críticas divertidamente corrosivas ao lamentável público dos programas matinais da CBS, e o deita-regras aqui acabou sumariamente demitido. Então, em 1996, recebi um convite para dar uma palestra sobre um grupo publicitário, nas pitorescas Ilhas Virgens St. Croix, e fui ligeiramente seqüestrado por uns caras com meia de náilon na cabeça, arma na mão e planos – segundo o FBI – de me despacharem desta para melhor. Consegui fugir, o que foi muito legal, e a palestra até que correu bem, mas o episódio todo me lançou numa depressão de arrasar.

Depois, em outra ocasião... bom, você conhece a Leo Burnett? Nunca ouviu falar na gigantesca agência Leo Burnett Co. de Chicago? "Reach for the stars." O tigre da Kellog's. Mr. Clean. Pillsbury Doughboy. Pois é, Deus é testemunha de que isso aconteceu mesmo: a Leo Burnett invadiu a minha casa, literalmente sem ser convidada, e incitou as minhas filhas a me odiarem. Mandou-as aumentarem o volume dos *videogames* até que os adultos não agüentassem mais. Arrotou na minha

116 OS 10 MANDAMENTOS DA PROPAGANDA

cara e explicou às meninas, da maneira mais explícita possível, que viver é sair escarrando por aí.

Foi um comercial da Burnett para a Nintendo, de 1994, e a idéia era conquistar a fidelidade dos adolescentes cultivando a sua predisposição a desafiar a autoridade. Nenhuma surpresa nisso; uma centena de anunciantes, da Bubble Tape à 7UP ou a qualquer outro que você quiser, apresentam os adultos como desinformados objetos do ridículo que merecem ser descartados, quando não meramente desprezados. Mas esse passou dos limites. Iniciando-se com uma mamãe exageradamente sorridente, de cabelo exageradamente arrumado, que expressava o sonho de ter um médico na família, o comercial anunciava as suas intenções com uma tomada da reação dos filhos adolescentes da mulher: um arroto altíssimo em *close*. Então, para as doces canções e os sentimentos empáticos dos Butthole Surfers ("A gente quer ser livre. Quer fazer o que der na telha. Quer se divertir, e é exatamente isso que a gente vai fazer."), vinha a sugestão de aumentar ao máximo o volume do Mortal Kombat, ou do que fosse, porque isso fazia os adultos despirocarem. "Seja ouvido", dizia o *slogan*. "Aumente o volume."

Sim, os sensíveis profissionais de marketing da Nintendo e da Burnett, tendo detectado certa inquietude, certa frustração e certa hostilidade latente nos adolescentes e pré-adolescentes, resolveram abordar esses jovens em termos de cumplicidade. A Nintendo, sugeriam, era uma credencial perfeita da militância do mau humor. A certa altura do filme, o garoto aspirava ruidosamente o muco do nariz e escarrava na platéia, tudo isso acompanhado da instrução: "Dê uma cuspida na vida".

Que idéia encantadora. Dizer às crianças que os adultos não lhes dão ouvidos. Jogar gasolina na fogueira da revolta adolescente. Estimulá-las a ser cascas-grossas. Ridicularizar os representantes da autoridade, paternal ou qualquer que seja, mostrando-os como uns medíocres obcecados pela decência. Ajudar os jovens em sua geralmente perigosa busca de identidade, propondo-lhes adotar o tipo mais torpe de niilismo autocentrado. Enfim, explorar o sofrimento e a confusão da adolescência, dizendo aos nossos filhos que o certo é vilipendiar a vida. Acaso um anunciante pode prestar maior desserviço, por exemplo, ao declínio do suicídio dos adolescentes do que alardeando a falta de sentido da existência humana?

Muito bem, seus bastardos cínicos. E parabéns a você, Leo, por ter tido a sensatez de morrer quando tudo isso estava acontecendo. Pois, não foi você que, pouco depois de se aposentar, escreveu o seguinte?: "Quando vocês mostrarem o mais leve sinal de vulgaridade, de inconveniência ou de pernosticismo – e perderem a noção sutil da conveniência das coisas [...] Então, moças e rapazes, terá chegado a hora em que eu faço questão de que vocês tirem o meu nome da porta [...] mesmo que eu tenha de me materializar, uma noite dessas, para apagá-lo com as minhas próprias mãos – em todos os escritórios."

Sim, senhor, agora eu entendo qual é o negócio da Publicis. Pensei que se tratasse de dinheiro. Mas talvez se trate é da vergonha do fundador lá no outro mundo.

Seja como for, a catástrofe não acaba aí. Pouco antes do crime de invasão da Burnett, os Roy Rogers Restaurants também irromperam na minha morada contando piadinhas macabras, uma após outra. Duas delas – como a do sujeito que estava sendo devorado pelas feras – até que tinham certa graça, mas, no conjunto, eram excessivamente mórbidas. (De modo geral, no ramo das refeições rápidas, a morte súbita não é considerada a coisa mais fascinante do mundo.) Então, em meio a um jogo de futebol de domingo a que eu estava assistindo com as minhas filhas, surgiram um homem e uma mulher a um metro e meio da minha poltrona, estapeando-se como dois ursos dançantes. *Ei, meninas, olhem só o cara enfiando a fuça nas tetas da mulher!* E é claro que também havia a Benetton, que, com o esfarrapado pretexto de fazer um comentário sociopolítico, promulgou uma série de imagens chocantes, calculadas para inflamar, provocar e horrorizar milhões de pessoas que não eram, de modo algum, consumidoras potenciais de camisetas de quarenta dólares. A fotografia do padre beijando a freira é uma blasfêmia para os católicos do mundo todo. E as imagens da farda ensangüentada do soldado morto, da agonia de uma vítima da AIDS, dos *boat people* agarrados feito vermes à rede de um navio e de um Ronald Reagan retocado para parecer que estava com o sarcoma de Kaposi são uma agressão aos outros milhões de pessoas que não estão interessadas nos comentários políticos de um vendedor de roupa esportiva.

E por aí vai, vai e vai.

118 OS 10 MANDAMENTOS DA PROPAGANDA

Com toda certeza, o episódio da Nintendo, que com tanta perversidade ataca as crianças, desprezando desaforadamente o seu bem-estar, é a obscenidade publicitária mais repulsiva com que eu já topei. No entanto, está longe de ser a única. Este capítulo vai mostrar muitos exemplos de propaganda de virar o estômago – exemplos tão extremos que você é capaz de pensar que eu os inventei, mas, infelizmente, não é assim. Alguns são violentos. Alguns, explicitamente escatológicos. Alguns, descaradamente sexuais. Alguns, sórdidos. Mas o que todos têm em comum é a maligna falta de consideração pelo público que os vê *sem nunca ter pedido para vê-los*, tornado-se, desse modo, vítimas fortuitas da violência publicitária.

Por exemplo, voltemos a 1996 e ao filme de televisão intitulado "Um Buford e tanto", da McCabe & Co., Nova York. Era para uma cadeia de lanchonetes do Sudeste chamada Rallys e, ao que tudo indicava, dirigia-se ao público masculino jovem. Começava com dois sujeitos de macacão, numa caminhonete parada no semáforo, olhando, cheios de inveja, para o conversível ao lado deles, com um rapaz ao volante e duas lindas garotas a bordo.

"O que ele tem que eu não tenho?", perguntava o motorista da caminhonete.

"Ora", respondia o outro sem pestanejar, "com certeza ele tem um Buford e tanto".

O motorista tornava a observar, admirado: "Olha só o tamanho daquela coisa!"

"É", prosseguia o colega, "tem 150 gramas. Dois hambúrgueres, dupla porção de queijo, alface, tomate, picles, cebola. Completo." Isso com a imagem das moças, no carro, comendo os sanduíches de modo sexualmente sugestivo. Muitos comerciais são falaciosos. Esse era *felacioso* – até nos lábios lambuzados de maionese das garotas.

"Você gosta dos bem grandes, né?", perguntava o malicioso motorista a uma das moças.

"Não é o tamanho", respondia ela. "É o gosto, seu idiota."

Não, era pura falta de gosto. O criador dessa campanha, Ed McCabe (lendário Revolucionário da Criação e membro do Copywriters Hall of Fame) deve ter esquecido que a televisão é um meio de comunicação de massa. Sem dúvida, o público-alvo adolescente morria de rir. Mas o filme escandalizava tanta gente avessa às piadas de pênis grande ou pequeno que não tardou a ser tirado do ar, assim como, pouco depois, a Rallys cancelou a sua conta na agência. Mas, antes disso, o filme levou uma bela descompostura na "Ad Review" (nenhuma estrela), coisa que levou o publicitário a escrever uma carta à *Advertising Age*, perguntando se a minha avaliação tão negativa não refletia a insegurança que eu talvez tivesse com o meu próprio... ah... Buford. A carta de Ed McCabe era tão infantil, tão medíocre e tão reles que os meus editores simplesmente a publicaram na íntegra.

Esse foi um belo capítulo na minha carreira. E parece que o último na de Ed.

MORTE, DOENÇA MENTAL
E OUTROS TEMAS HILARIANTES

É comum dizerem dos pernósticos metidos a inteligentes, "Nunca lhe passou um pensamento pela cabeça que não passasse também pelos seus lábios". Trata-se de uma referência à imprudência e à falta patológica de autocontrole que torna até mesmo o mais esperto dos espertos uma ameaça para si próprio e para os outros quando uma observação estapafúrdia sai pela culatra. Aconteceu com Ed e, em 1990, aconteceu com a Chiat/Day.

O comercial em questão era para a Reebok Pump, um tênis com uma bolsa de ar inflável na língua que supostamente se ajustava mais confortavelmente ao pé. Para ilustrar o atributo do produto, a Chiat/Day filmou uma vinheta granulosa, em estilo documentário, com um adepto do *bungee-jump* tentando um perigoso salto de cima de uma ponte do parque Deception Pass, no estado de Washington. Mas a corda estava amarrada no seu tênis, que não era Reebok. Na última cena, os espectadores viam apenas o tênis e a corda de *bungee* balançando na ponte.

Isso pretendia ser humor negro e, sem dúvida, assim entendeu boa parte do público-alvo. No entanto, o realismo era tão convincente, e o trágico desfecho de morte violenta nas pedras de Puget Sound, tão ostensivo, que os espectadores ficavam horrorizados. E o clamor obrigou a Reebok a tirar o filme do ar.

OS 10 MANDAMENTOS DA PROPAGANDA

O mesmo aconteceu em 1994 com a agência nova-iorquina DeVito/Verdi. Numa tentativa de chamar a atenção para a loja de roupa masculina Britches Great Outdoors, a agência criou um dos comerciais *cinéma vérité* mais escandalosamente engraçados que já se filmou. Também rodado em preto-e-branco, apresentava seis fulanos taciturnos saindo de uma igreja com um caixão de defunto. Com melancólica deliberação, levavam a sua carga até o carro funerário que os aguardava, nele a colocavam e então fechavam a porta. "Você vai passar muito tempo de terno e gravata", dizia o locutor. "Vista roupa esporte... enquanto pode."

Uma boa piada e um argumento não dos piores. O problema era que tudo se alicerçava nos primeiros vinte minutos fortes, sérios e muito *vérités*, durante os quais todos os espectadores eram forçados a pensar na sua própria experiência com enterros e com a morte. Quando vinha o desfecho cômico – a primeira vez que você percebia que o desfecho *ia ser* cômico –, era impossível não imaginar um amigo ou um ente querido no caixão. Talvez uma parte do público tenha achado graça mesmo assim, mas, sem dúvida, muitos se sentiram enganados e insultados pela *gag* macabra. E, por mais que o jovem público-alvo da Britches e os espectadores mais toscos achassem aquilo divertido, não há desculpa para brincar com as emoções de todos os demais. Esse filme também não tardou a sair do ar, e não era para menos.

A lição: o fato de lhe ocorrer uma coisa engraçada não significa necessariamente que você deva dizê-la.

A Nike cometeu o mesmo erro numa campanha da temporada de futebol americano estrelada por Dennis Hopper. Sintetizando seus desvairados papéis em *Veludo azul*, *Momentos decisivos* e *Apocalypse Now*, Hopper representava o torcedor mais louco da galera. O argumento era ambíguo, mas ou ele era um ex-árbitro da NFL* afastado da profissão devido ao comportamento esquisito em campo, ou simplesmente se imaginava juiz da NFL. Em todo caso, vestia roupa listrada e um surrado casaco impermeável, a própria imagem do desmazelo a peregrinar de estádio em estádio, louvando sem muita coerência a magnificência de certos astros da NFL (e garotos-propaganda da Nike) como Bruce Smith do Buffalo Bill, Troy Aikman do Dallas Cowboy e Barry Sanders do De-

---

*NFL: National Football League [confederação nacional de futebol]

troit Lion. Num dos filmes, ele invadia o vestiário do Buffalo Bill e exaltava a ferocidade de Smith ao mesmo tempo que cheirava a chuteira do jogador. "Ele faz coisas terríveis, cara. Coisas *terríveis*." Em outro, Dennis Hooper afirmava ver em sonhos as jogadas de retranca de Barry Sanders, ocasião em que se aproximava da câmera e acrescentava, "E olha que eu não durmo tanto assim".

Vamos deixar de lado, por ora, o que isso tudo tinha a ver com venda de calçados esportivos. Concedamos à Nike o benefício da dúvida e digamos que o humor negro e a exagerada caracterização de Hopper nos comercias serviam para melhorar e impulsionar a crítica imagem de marca da empresa. Falando por mim, eu sou um fã incondicional de Dennis Hopper, e os filmes me faziam rir às gargalhadas, principalmente os do tema da insônia. Mas que desconfortáveis eram essas gargalhadas. Na verdade, tratava-se de um riso cheio de culpa, porque o árbitro não era um mero excêntrico. Era um maluco, um homem perturbado, doente – a julgar pela aparência, um paranóico esquizofrênico – e não devia estar cheirando chuteiras em comerciais de televisão. Por quê? Porque uma grande parte do público telespectador não vê nada de engraçado numa descrição convincente de um homem que perdeu o contato com a realidade. Quem já sofreu a indizível e contínua tragédia da esquizofrenia, em si próprio ou num ente querido, tinha todos os motivos para ficar arrepiado ao assistir aos filmes de Hopper.

A propaganda de calçados não tem o direito de fazer o espectador ficar arrepiado.

Nenhuma propaganda tem o direito de fazer o espectador ficar arrepiado. Vou lhe fazer uma pergunta: alguma vez você tocou a campainha da casa de um desconhecido e, tendo sido autorizado a entrar – espere, deixe-me vasculhar os recessos mais sórdidos da minha imaginação – tubo bem, digamos... foi para a cozinha *bater um cérebro humano no liquidificador?* Será que este livro tem um único leitor capaz de fazer uma coisa dessas? Não, porque seria doentio. Não seria humor negro. Não seria deliciosamente subversivo. Não seria guerrilha de marketing. Seria uma afronta indecente e imperdoável.

Pois foi o que nos ofereceu a Hasbro. Sim, aquela turminha legal por trás do G. I. Joe, do Sr. Cabeça de Batata e do forno de brinquedo Easy Bake criaram, em 2001, um comercial em que se pulverizava um cérebro humano (ou, pelo menos, um fac-símile perfeito) num liquidificador. O produto anunciado era o Nemesis Factor, um quebra-cabeça eletrônico para jogadores a partir de dez anos. Quer dizer, dez anos de idade. Quer dizer, meninos da quarta série. Quer dizer, crianças que ainda se enrolam no cobertorzinho predileto para dormir. Outro filme, por excesso de sensibilidade, mostrava não um cérebro batido no liquidificador. Mostrava um cérebro mergulhado no óleo de uma frigideira.

Obviamente, não era o segmento de dez anos de idade que esses anúncios da Jordan, McGrath Case, & Partners, Nova York, visavam no mercado potencial, e sim o de adolescentes e jovens do sexo masculino – uma parcela da população que acha qualquer baixaria a coisa mais divertida do mundo. Mas acontece, repito, que *o alvo é irrelevante*. A propaganda é uma cartucheira, não um fuzil. Quando dispara, atinge tudo que está perto do alvo. Será que isso é tão difícil de entender? Mesmo que o panaca vestido de preto estivesse demasiado envolvido consigo mesmo para internalizar o axioma e apresentar um mínimo de decência humana, era de se esperar que pelo menos a cliente Hasbro entendesse. Trata-se de uma empresa que vende tanto a massinha de modelar Play-Doh quanto o Dungeons & Dragons. Se há uma empresa que já devia ter percebido que públicos diferentes têm sensibilidades diferentes, é ela. E mais do que ninguém, devia ter percebido, por exemplo, que o garotão de quinze anos pode até achar o truque do liquidificador a coisa mais sensacional que ele já viu. Mas que a sua mãe vai chorar e vomitar, o pai há de querer chamar a polícia, e a irmãzinha é capaz de passar o resto da vida tendo pesadelos horrorosos.

Enfim, por favor, interiorize este ponto crítico: comerciais não são programas. Ninguém opta por vê-los. Esses filmes de televisão simplesmente aparecem, e, em troca da indulgência do telespectador, os anunciantes devem um mínimo de contenção e respeito pela sensibilidade de todos os presentes na sala. Não só a do alvo. A de todos. É o acordo tácito entre anunciantes e telespectadores. Sempre foi. E esse anunciante rompeu-o.

F..., CK

A Hasbro não chegou a ir a Cannes, embora eu não tivesse a menor dúvida de que ia caso os comerciais não tivessem saído do ar imediatamente após a publicação da minha coluna. Em geral, Cannes se mostra muito acolhedora até mesmo com as imagens mais abomináveis – em parte, pelos motivos já citados e, em parte, porque lá os comerciais são exibidos em salas gigantescas, como se fossem filmes de *avant-garde*. Mas, como nós já constatamos há um bom tempo, eles não são filmes de *avant-garde*. Não passam de comerciais, anúncios de venda que deviam se destinar não a impressionar uma sala lotada de almas igualmente desnorteadas, e sim a ser exibidos na sala de estar de pessoas e famílias de verdade, muito longe da Riviera francesa, lá onde os consumidores de verdade os vêem durante a *Roda da Fortuna*, enquanto estão tentando engolir rapidamente o jantar.

Parece que o verdadeiro objetivo da propaganda e seus verdadeiros efeitos estão longe de ser a preocupação principal do circuito do festival. Em 1998, apresentaram em Cannes um filme de noventa segundos, em estilo documentário, da TBWA GGT Simons Palmer. A ação se dava na cozinha de um restaurante de luxo, enfocando um *subchef* de cozinha dando o seu toque pessoal aos pratos. Ele tomava na boca um gole de conhaque e gargarejava antes de cuspi-lo no flambê. Enfiava o dedo no nariz para enfeitar o *hors d'oeuvre* com meleca. Batia o bife na pia de um banheiro imundo. Tudo isso em *close-up* para o horror cada vez maior da multidão. O produto: PlayStation. A mensagem: vale a pena ficar em casa.

Levou o Leão de Ouro.

Ou então pegue um filme de 1996 da Young & Rubicam, de Zurique, para uma marca chamada Hakle. Apresentava um homem na praia, de costas para a câmera, olhando para o mar. O seu calção de banho listrado dominava o primeiro plano da tomada. Quando o filme começava, uma mosca aparecia zumbindo na tela, perto do calção, e ele a espantava. Um momento depois, a mosca voltava, e o sujeito tornava a enxotá-la. A mosca zumbia pela terceira vez junto ao traseiro do cara. Então aparecia uma imagem do produto e a legenda: "Hakle. Para uma limpeza perfeita".

A Hakle era uma marca de papel higiênico.

Eu tenho o prazer de anunciar que a piada era tão explícita e revoltante que o comercial não ganhou o Leão de Ouro em Cannes. Ganhou o Leão de Prata.

O júri gostou do filme porque era direto e pertinente. E era mesmo. Tanto quanto uma joelhada no saco. Ser direto, por si só, não justifica nenhum comportamento anti-social.

Mas, repetindo, o que torna tão desprezíveis os produtores de tais baixarias, mais do que a sua imaturidade, é o seu profundo cinismo. Porque o que eles sabem – o que aprenderam com o mestre – é que, no sentido mais restrito possível, a propaganda chocante funciona. Funciona (a) por provocar um ultraje generalizado, inevitavelmente comentado pela imprensa, provocando um nível de zunzunzum que supera muito, em ordem de magnitude, o alcance de vendas real da propaganda, coisa que (b) diverte o relativamente reduzido público-alvo. Em suma, trata-se de ofender muitos para impressionar poucos.

Houve um tempo em que semelhante barganha era considerada não só um mau negócio como também um anátema contra a indústria publicitária, a qual, nos primeiros cerca de cem anos de história, acreditava que a sua tarefa principal era não se indispor com *ninguém*. Com muita freqüência, os publicitários chegavam a prejudicar e desnaturar as suas próprias mensagens por medo de ofender quem quer que fosse. Esses não eram necessariamente os velhos bons tempos, mas o pêndulo não se limitou a oscilar; tirou o mundo publicitário do eixo. O cálculo atual é a abordagem da Calvin Klein, que foi péssima para a propaganda, péssima para a cultura e ótima para a Calvin Klein.

Quando Brooke Shields posou de costas, sem calcinha, murmurando que não havia nada entre ela e a sua Calvin, as pessoas ficaram chocadas por ouvir esse jogo de palavras sexualmente sugestivo dos lábios de uma menina de quinze anos. E compraram o *jeans* Calvin Klein. Quando o fotógrafo do momento, Bruce Weber, fotografou modelos do momento dos mais diversos sexos enroscados feito minhocas para o perfume Obsession, o público ficou chocado. E comprou o Obsession. Quando, em 1991, a Klein inseriu um encarte de 116 páginas na *Vanity Fair*, cheio de imagens provocantes de Weber, inclusive cenas masturbatórias no chuveiro, com o modelo masculino todo molhado e a manga de um blusão de brim desbotado estrategicamente colocada, as pessoas ficaram chocadas. E compraram o brim. Quando a Klein exibiu, em plena Times Square, o ângulo de uma cueca de vinte metros quadrados, com o conteúdo dentro, num relevo encharcado de água, as pessoas ficaram chocadas. E compraram cuecas Calvin Klein.

Para todo efeito prático, foi a Klein que criou a propaganda chocante. Mas ela não é uma anunciante. É uma incendiária. Joga coquetéis molotov nos lugares mais vulneráveis da cultura da mídia, e, pouco depois, os carros de bombeiro do jornalismo chegam correndo. Isso faz com que os vizinhos saiam à porta de pijama para saber o porquê de tanta comoção. E ficam olhando, consternados, mas até certo ponto excitados com a balbúrdia. E, enquanto eles olham, a Klein vai passando e vendendo a porcaria da marca CK.

O seu sucesso nesse jogo cínico pode exercer a mais peçonhenta influência sobre a propaganda moderna. Mas eis que, em 1996, em outra mina de ouro da propaganda livre, ela ultrapassou a gratuidade, ultrapassou a provocação, ultrapassou a vulgaridade, atingindo o próprio núcleo da nossa sensibilidade moral. A Calvin Klein, Inc. e a sua agência interna CRK produziram uma das campanhas mais profundamente escandalosas da história da televisão, uma campanha com a aparência, a textura e a repulsiva salacidade da pornografia infantil. E, afinal de contas, a Klein pagou, retirando os anúncios em meio a declarações de choque, choque porque "alguns estão tendo uma percepção dos comerciais diferente" do que a CK supostamente pretendia. Mas é claro que – tal como os próprios anúncios – essa desculpa esfarrapada não é digna de crédito.

"Você tem um corpo lindo", dizia um entrevistador invisível, de meia-idade, por trás do cenário improvisado de um salão de recreação. O fundo era revestido de madeira ordinária, a única decoração era uma escada de pintor num carpete sujo. O entrevistado era um adolescente de cabelo comprido, vestindo um *jeans* CK e um colete preto, mas sem camisa.

"Hum-hum", concordava o rapazinho.

"Você gosta do seu corpo?", perguntava o adulto.

"Gosto."

"Hum. Não quer melhorar nada nele?"

"Não, eu gosto... eu gosto dele assim mesmo."

"[Risinhos] Gosta?"

"Eu não preciso... sabe, não preciso dessas coisas."

"Não precisa melhorar nada, hem?"

"Hum-hum."

"Bom", dizia o entrevistador com desconfiança, "esse *jeans* fica *muito* bem em você."

Aparentemente, a baixa qualidade da produção e o formato improvisado imitavam os cenários desses pornôs infantis em que um "diretor" invisível entrevista crianças, persuadindo-as a tirar a roupa... e a *otras cositas más*. Essa campanha fica a um passo da nudez e do ato sexual, mas – tanto com garotos quanto com garotas – adere à fórmula da pedofilia.

"Você é forte?", pergunta o adulto ao jovem clone de James Dean em outro filme.

"Eu gosto de pensar que sou."

"Acha que consegue arrancar essa camisa do corpo?" (E o garoto obedecia.)

"Bonito corpo. Você malha?"

"Hum-hum."

"[Risinhos] É, dá pra ver."

Num terceiro filme, o mesmo locutor tentava fazer uma menina chamada Karen dançar. Ela se recusava. Mas um rapazinho, que aparentava uns quatorze anos, achava ótimo "rebolar" para o senhor de meia-idade. Isso tudo era excessivamente perverso. A turma do reverendo Donald Wildmon, o beatíssimo árbitro autonomeado dos valores morais norteamericanos atacou furiosamente a Klein e a MTV por terem levado semelhante imundície ao ar, mas não era necessário ser carola moralista para achar aquilo irremediavelmente asqueroso. Uma coisa é brincar com a libido da nação, como a Calvin Klein vem fazendo há duas décadas. E já é mais do que lamentável glorificar e avivar as chamas da sexualidade adolescente. Mas apresentar crianças como objetos sexuais a se exibirem para adultos é um limite que não se pode transpor.

A CAIXA DE CARTAS DE BOB

Infelizmente (e, se você me perguntar, curiosamente), em minhas viagens pelo mundo nos últimos dez anos, sempre propagando o evangelho da cortesia comum, é variada a acolhida que dão à raiva que eu sinto por isso tudo. Ocasionalmente, recebo aplausos espontâneos em reconhecimento à minha inspiradora coragem moral e a esta personalidade irresistivelmente cativante. Muitas vezes, porém, sou contestado e até chego a

FIQUE À VONTADE 127

receber um desdenhoso dar de ombros da confraria dos caras vestidos de preto. Nós temos de avançar e inovar, dizem. Não queira me impor os seus padrões conservadores, dizem. Não vamos nos curvar ao politicamente correto, dizem. O público adora o nosso trabalho, dizem. A nossa consciência está em alta, dizem. Você tem visto a *programação* ultimamente?, dizem. Relaxe, dizem.

Cresça, dizem. Acorde, dizem. Cale a boca, dizem.

Eu falo e continuo falando a ouvidos cada vez mais moucos para a razão. Vou dar só um exemplo da mentalidade que temos de enfrentar. O que se segue foi extraído da carta de um leitor que reagiu a uma coluna de 1994, na *Ad Age*, coluna, aliás, bem no espírito deste capítulo. Ele conseguiu condensar, de uma tirada, toda a arrogância, a falta de lógica, a insensatez e a maligna burrice que se acha em plena metástase na indústria do mundo inteiro. Vou omitir o nome e a agência da pessoa; eles já têm problemas suficientes. Mas ouça o que esse diretor de criação tinha a dizer. Explica tudo:

> O comentário de Bob Garfield sobre as péssimas maneiras da propaganda só merece uma linha, três palavras, com um ponto de explanação [sic]!
> Fique frio, Bob!
> À noite, quando eu ligo a televisão e assisto ao noticiário sobre O. J., o projeto de lei penal, os strikes de beisebol, os mandados de segurança forçados e as tantas outras péssimas notícias que a televisão aberta tem a dar, é um alívio finalmente ver os comerciais escarrando na cara dos panacas moralistas como você. Tiro o chapéu para a Nintendo, a Nike, o Roy Rogers, e mais, para as agências que tiveram peito e muita noção de marketing para refletir a verdadeira atitude do seu público-alvo e mostrar o dedo médio para você. Se você não gosta do que passa na televisão aberta, faça uma assinatura de TV a cabo e assista ao Discovery Channel, ao Nickelodeon, àquela estação da maioria moral com Jerry, ou então não assista a nada. Leia uma história para as suas filhas ou, melhor ainda, compre para elas um jogo Nintendo, um par de tênis Nike ou leve-as jantar no Roy's.
> Bem-vindo à propaganda dos anos 90, Bob, na qual tudo é jogo limpo. Se não gostar, dê o fora.
>
> M.
> Diretor de criação.

128 OS 10 MANDAMENTOS DA PROPAGANDA

Diante de uma burrice tão monumental, é difícil saber por onde começar. Mas vamos começar por aqui: "Fique frio." Ficar frio? Ah, quer dizer que o problema é *meu*. Quer dizer que eu não passo de um puritano intolerante. Sou muito sério, carrancudo e estraga-prazeres para encarar uma coisa dessas e estremeço e não gosto do humor das piadas de aumento do pênis no horário nobre da televisão. Bom, eu lamento que *isso* seja uma burrice. A questão não tem absolutamente nada a ver comigo. (Aliás, além de ser onisciente e charmoso, eu também posso ser extremamente engraçado. Você precisava ver as minhas impressões de Nancy Sinatra e de Konrad Adenauer. ENGRAÇADÍSSIMAS.) Não, a questão tem a ver unicamente com as vítimas dos excessos daqueles que são demasiado toscos ou demasiado idiotas para reconhecer os seus próprios abusos pueris. A reação "fique frio" me lembra a frase odiosa a respeito do estupro pronunciada, há alguns anos, por Bobby Knight, o insofrível treinador de basquete e maníaco fulminador: "Se o estupro for inevitável, relaxe e goze". Rá-rá.

Se alguma coisa está errada, errada está. Rir feito uma criança ao ver um tarado em atividade num *playground* não é senão ser covardemente conivente com o crime.

Além disso, até que ponto eu sou conservador não tem nada a ver com a história. O fato embaraçoso é que eu, em particular, posso achar graça numa piada sobre o tamanho do pênis, por exemplo, desde que bem contada e no lugar certo. Também consegui reprimir a vontade de vomitar para ver o humor porco do comercial da PlayStation. E, para o meu gosto, a propaganda da Britches de Georgetown – aquela com o enterro e o caixão de defunto – é inteligente e hilariante. Mas isso não tem nada a ver com o que pode sentir a pessoa que acaba de sepultar um ente querido, liga a televisão e topa nada menos do que com uma cena realista de enterro degenerada em piada sobre a morte eterna.

E há 50 mil enterros por semana neste país.

Não se trata de uma estatística irrelevante. Em questões de gosto, as cifras têm importância, porque nesta que está se tornando cada vez mais uma cultura da imolação, praticamente qualquer coisa que a gente ponha na televisão acaba topando com um ou outro que grita "Como eles se atrevem?" Em 1988, a Roy Rogers Restaurants pousou um olhar maravilhosamente nostálgico e engraçado nas antiquadas senhoras de cafeteria do nosso tempo de escola – só que isso ofendeu os atuais empregados de cafeteria, que se sentiram difamados pelo retrato apresentado. A reação adequada da empresa devia ter sido "Trata-se de uma paródia meiga e cheia de amor. Tratem de entendê-la". Mas a Roy Rogers, propriedade da Marriott Corp., que fornece refeições a escolas públicas, capitulou covardemente e tirou o anúncio do ar.

Do mesmo modo, um comercial da Pepsi de 1993, apresentando um mítico programa de televisão a cabo sobre como preparar alcachofra, suscitou uma reação irritada... sabe de quem? ora, do *lobby* da alcachofra. E um filme inócuo da PaineWebber, que sugeria a superioridade dos professores de piano europeus, foi retirado devido aos protestos dos professores de piano norte-americanos. Portanto, os publicitários não podem e não devem se acovardar por saberem, com toda certeza, que tudo quanto eles fizerem há de ofender *alguém*. Mas tampouco devem se valer desse conhecimento para racionalizar idéias passíveis de ofender, irritar ou magoar muita gente. É por isso que "O público adora o nosso trabalho" também não passa de uma desculpa esfarrapada. Muita gente adora heroína e pornografia sadomasoquista; convém distribuí-las nas escolas?

Às vezes, na propaganda, justifica-se ofender poucos para impressionar muitos. Nunca se justifica ofender muitos para impressionar poucos.

Mas Deus guarde aquele que se ofender legitimamente, porque choverão acusações sobre a parte ofendida – não só de pudica, mas também de politicamente correta. E não é difícil enxergar o porquê, pois a desconsideração virulenta não é a única força negativa a operar na sociedade. Também há a ascensão da Polícia do Pensamento.

Nos últimos trinta anos, os Estados Unidos se renderam à cultura do ofendido, na qual, um número infinito de clientelas – desde os dependentes químicos até os portadores da síndrome do túnel do carpo e aos insultados empregados de cafeteria – exigem reparação financeira, jurídica ou lingüística por conta de uma alegada violação da sua dignidade, e o resultado é o espetáculo risível dos códigos de linguagem e da balcanização multicultural. A correção política é infeliz por si só, e eu poderia prosseguir indefinidamente. Porém uma tragédia secundária – o efeito colateral da correção política – é a reação de intolerância por qualquer um que fique legitimamente ofendido por uma afronta verdadeira. Hoje em dia, discordar de um comportamento ofensivo, grosseiro, afrontoso é arriscar ser denunciado, reflexivamente, como apenas mais um apóstolo choramingas da correção política (ou, pelos apóstolos choramingas da correção política, como um companheiro de viagem reacionário, repressor da expressão, de Jerry Falwell).* Porém, uma vez mais, o direito de ser tratado com cortesia nada tem a ver com correção política. Tem a ver é com a Regra de Ouro, que, além de ser a que a sua mãe lhe ensinou, não é nada menos que o princípio civilizador central da humanidade. E é um princípio fundamental demais, óbvio demais, para ser tipicamente descartado como pueril. Bobo. Antiquado. Coisa de criança.

A Regra de Ouro não é pueril. Não é coisa de criança. É o contrapeso fundamental à frívola indulgência para com o impulso pessoal e, por conseguinte, o fundamento de toda não-tirania que sempre prosperou na história do mundo.

Será que não chegou a hora de recordar que talvez, apenas talvez, o "Trate os outros como gostaria de ser tratado..." também mereça um pouco de propaganda?

Claro que sim, mas os idiotas continuam zombando, andam brandindo as suas cifras de "consciência de marca" como comprovante da sua visão. A qual, naturalmente, é uma balela. O inferno da lucratividade está povoado de condenados ilustres: o *jeans* No Excuses, a Benetton, o Reebok Pump, a Pets.com, a Outpost.com e qualquer-outra-besteira.com. A consciência não é nada – pelo menos, nada daquilo de que eu estou consciente. Charles Manson tinha uma fabulosa consciência de marca. Assim como o antrax. Mas ninguém faz fila para comprá-los.

SOBRE AQUELA GENTE MARAVILHOSA
QUE NOS CONTEMPLOU COM CÂMERAS DE BANHEIRO

O imperativo do autocontrole é tão claro e inquestionável que desafia o argumento racional. Mas, nos últimos anos, surgiu um argumento que se imagina racional, que pode parecer atraente à primeira vista, mas que

---

* Jerry Falwell, pastor televisivo batista muito polêmico pelas suas declarações. Em 1991, disse que AIDS era uma maldição divina contra os homossexuais; posteriormente, atribuiu a culpa pelos ataques de 11 de setembro de 2001 aos partidários do aborto, às feministas, aos gays e às lésbicas.

também acaba desmoronando – segundo o qual, os fins justificam os meios. Certos temas são de tão extrema importância para o tecido social, asseveram os seus adeptos, que eles podem empregar todos os meios necessários para que se acenda a luz rutilante da consciência da questão.

Esse, naturalmente, é o pretexto bobo e transparente por trás da campanha da Benetton. A AIDS é um flagelo tão terrível que a Benetton não só pode como *deve* mostrar um cadáver, cercado dos consternados parentes, pouco depois de expirar. A tragédia dos *boat people* era tão grotesca que a Benetton tinha o *dever* de reproduzir a fotografia de jornal dos refugiados agarrados à rede de carga de um navio feito insetos aprisionados num papel pega-mosca. A guerra dos Bálcãs era tão mortífera que fotografar o uniforme ensangüentado de um soldado croata morto constituía um verdadeiro *serviço de utilidade pública*.

Pois é, foi uma bênção a cadeia italiana de roupas esportivas divulgar tais imagens, pois, do contrário, a pandemia de AIDS nunca teria sido noticiada. E que sorte a nossa termos sido premiados com a chocante foto pacifista de um uniforme ensangüentado na *Paris Match*. Que reprimenda incisiva ao *lobby* pró-guerra.

É como... ah, deixe estar. No entanto, muita gente se deixou iludir por essa campanha, confundindo o seu ataque ao dolorosamente óbvio com uma abnegada consciência social. Não havia nada disso. Aliás, tratava-se justamente do contrário. Em primeiro lugar, a expressão de idéias banais – ainda que apresentadas de maneira chocante – não tem efeito nenhum sobre o tecido social. Não é como se a Benetton, com a sua coragem, tivesse colocado a AIDS, o racismo ou o genocídio na agenda mundial. A única coisa que a Benetton fez com essas proezas foi chamar a atenção sobre si, na esteira da terrível tragédia humana, explorando e banalizando horrores genuínos a fim de vender caríssimas peças separadas de *mix-and-match* aos tolinhos superficiais. Esse comportamento não é meramente egoísta; é obsceno.

No caso da Benetton, os fins não justificam os meios principalmente porque o fim era apenas fazer com que a Benetton parecesse ousada, destemida e avançada. Mas o uso de imagens horripilantes para mexer com as massas apáticas é errado não só na propaganda de *falso* serviço de utilidade pública; é errado mesmo na propaganda de verdadeiro serviço de utilidade pública.

Pense, por exemplo, no filme de 1996, da Saatchi & Saatchi, Londres, para o distrito de Islington dessa mesma cidade. A ação se iniciava com um homem saindo alegremente do seu apartamento com o jornal na mão. A seguir, sem o menor acanhamento, acocorava-se na calçada, retesava os músculos faciais (além de outros) e se punha a grunhir. Sim, enquanto uma vizinha o observava com nojo e as crianças riam do que estavam presenciando, ele defecava na rua. Terminado o "trabalho", cumprimentava com muita naturalidade um vizinho que ia passando, o qual – sem se dar conta do que acabava de ser expelido à sua frente – pisava no material depositado no chão, escorregava e caía, desaparecendo da tela.

O desfecho: duas placas de rua tipicamente londrinas. "Você não faria isso", dizia uma delas, e a outra: "Não deixe o seu cachorro fazer". A idéia era chamar a atenção dos proprietários negligentes de animais para a realidade da sua irresponsabilidade fecal – e, sem dúvida, tais cenas conseguiam fazer isso muito bem.

Ocorre, porém, que a propaganda é mais do que comunicação. Mais do que eficiência. Mais do que memorabilidade. Faltou consideração pelos espectadores que não cometiam esse descuido – isto é, a vasta maioria – e que podiam se sentir tão vitimados pela propaganda repulsiva quanto pelas próprias minas terrestres caninas. Também levou o Leão de Ouro, é claro.

Por certo, a agência Jung v. Matt, de Hamburgo, sentiu-se igualmente virtuosa, em 2000, com o seu anúncio de serviço de utilidade pública para desestimular o uso da cocaína. Mostrava um "mula" obeso, suado, chegando a um aeroporto internacional, dirigindo-se rapidamente ao banheiro e entrando num gabinete sanitário. Ali, graças à câmera de banheiro, o espectador via, à distância de quinze centímetros, o transportador de droga evacuar, num mar de fezes, uma camisinha cheia de pó branco. Não tenho mais nada a acrescentar à descrição, nem creio que haja necessidade de maiores comentários, a não ser este: eu queria que M., o diretor de criação, fosse condenado a assistir a esse filme diariamente até o fim de sua triste vidinha.

Caso você ache que é apenas uma questão de escala – que cocô de cachorro na calçada e até mesmo o uso ilegal de drogas simplesmente não chegam a um nível tão inquietante para o espectador, mas, com toda certeza, um mal social horrendo justifica medidas extremas para chamar a atenção –, eu o deixo com mais um exemplo. É de 2001, uma série de anúncios de utilidade pública da United Way of Philadelphia, enfocando a indizível crueldade dos maus-tratos infantis.

Um filme se valeu do aspecto granuloso do estilo documentário para focalizar, à distância, a janela de um sobradinho geminado. A trilha sonora era o conteúdo de uma fita gravada pela polícia – uma fita real da polícia – com uma criança pedindo socorro aos berros. O pai estava espancando a mãe e perseguindo o filho. A realidade não era só horripilante; era insuportável.

A causa é importante? Claro que é. As instituições voltadas para o bem-estar da criança e o combate à violência doméstica merecem ser fomentadas. E essas instituições têm todo o direito de chamar a atenção do público indiferente – ou pelo menos ocupado – para o trágico problema que lhes cabe enfrentar. Mas isso não lhes dá o direito – nem a elas nem a ninguém – de infligir terror aos espectadores. Esse anunciante também se sente excessivamente virtuoso: "Vê para o que você está fazendo ouvidos moucos?" Mas é justamente aí que está o problema. Eu, como indivíduo, tenho o direito de ficar distraído. Tenho o direito de estar desinformado. Tenho o direito de enterrar a cabeça na areia. Tenho até o direito de dar de ombros e dizer "Não é problema meu". O meu nível de consciência social diz respeito a mim e só a mim. A United Way of Philadelphia, por sua vez, tem todo o direito de tentar despertar a minha consciência para essa questão. Mas como ela se atreve a invadir a minha casa, sem autorização, e me torturar com mais realidade do que eu posso suportar? Como se *atreve*? Semelhante propaganda explora não só as minhas emoções como também a dor da vítima. Não é caridade. É crueldade consigo própria.

Retornando à carta, aquela com os "pontos de explanação". Olhe, não surpreende que as mentes "criativas" frustradas, eternamente obrigadas a fazer um trabalho insípido para clientes medrosos, conservadores, se alegrem, por tabela, ao ver os felizardos colegas expandirem as fronteiras da produção de imagens na propaganda. O que choca é a extrema cegueira do missivista para a noção de consideração comum. Será que não é óbvio que os publicitários têm não só a responsabilidade co-

134 OS 10 MANDAMENTOS DA PROPAGANDA

mo também o dever *especial* de levar em conta a sensibilidade dos leitores e espectadores?

Por difícil que seja penetrar a cabeça dura de muita gente vestida de preto, eu repito, propaganda não é texto. Não é cinema. Não é jornalismo. Não é programa. Não é matéria editorial. Não é um livro escrito em linguagem direta que anuncia, desde o começo, que vai virá-lo do avesso até conseguir lhe chamar a atenção. A pessoa que topa com um comercial não opta como, por exemplo, um leitor de noticiário opta pelas notícias, sejam quais forem, ou o público da HBO opta pela verossimilhança, seja qual for, ou o ouvinte do "Howar Stern Show" opta pelo ultraje, seja qual for, ou você opta por ler opiniões bobas sobre a indústria publicitária, sejam elas quais forem. Por isso é irrelevante que a piadinha do "Um Buford e tanto" seja insípida em comparação com o que aparece diariamente nos noticiários ou em "South Park". O que importa é que os pais podem impedir os filhos de assistirem a "South Park". Portanto imagine a sua reação quando, por mais que tenham se empenhado em conservar um ambiente isento de obscenidades para os seus filhos, aparece um comercial de hambúrguer, digamos, em plena transmissão de um jogo de futebol, que faça a opção por eles.

A propaganda não é solicitada nem convidada e, portanto, tem uma especial responsabilidade de decoro. Quer dizer, o que há de tão complicado nisso? O que há de tão complicado ou ambíguo ou discutível na proposição segundo a qual é grosseiro, egoísta, insensível, nocivo, às vezes cruel e sempre fundamentalmente maligno irromper na casa alheia com material capaz de ofender os moradores? Ficou estabelecido que você não vai entrar na casa dos outros, sem ser convidado, para liqüidificar tecido humano. Se algum sacana mandar você parar uma velhota na rua – ou a sua netinha de sete anos – e discorrer, nos termos mais chulos, sobre a genitália masculina, você não faz isso. Se o seu vizinho estiver chorando a morte da esposa, vítima de um desastre de ônibus, você não bate na porta dele para contar piadas mórbidas sobre acidentes de trânsito. E tampouco há de lotar um auditório de adolescentes para mandá-los desrespeitar os pais porque a vida, afinal de contas, não tem nenhum sentido. Você também não contrata modelos para se fantasiarem de padre e freira, invadirem uma missa católica, subirem no púlpito e começarem a se bolinar. Não vai a um grupo de apoio às famílias de esquizofrênicos para imitar os sintomas esquisitos da psicopatia. Você não faria nada disso, porque seria errado. Seria irritante, ofensivo, traumático, horrível para muita gente. Nesse caso, por que os pernósticos insuportáveis da indústria são tão arrogantes ou tão idiotas que não se abstêm de fazer isso na televisão?

Esta, naturalmente, era para ser uma pergunta retórica, muito embora M., o diretor de criação, proponha uma resposta: "Se você não gosta, não assista." Ah. Como eu já disse, a carta explica tudo. Não assistir? Não assistir *ao quê*? Se a propaganda fosse um programa, o telespectador poderia decidir ao que assistir. Mas – vou repetir pela última vez – a propaganda não é, e o telespectador não pode simplesmente não assistir, de modo que o que resta para ver, se você optar por não ser assaltado pela propaganda, é simplesmente nada.

Coisa que destrói o próprio veículo, seu imbecil.

CAPÍTULO **7**

VOCÊ ESTÁ CONDENADO?
FAÇA ESTE TESTE SIMPLES!

Há um filme iugoslavo intitulado *Underground – Mentiras de guerra*, de Emir Kusturica, um clássico do cinema da Europa Oriental. Começa em Belgrado durante a Segunda Guerra Mundial. A cidade é bombardeada pouco antes da ocupação alemã. Um grupo de contrabandistas se refugia num enorme porão para esperar o fim do assédio. Ali, durante um prolongado período, eles criam uma sociedade subterrânea sofisticadamente desenvolvida. De vez em quando, só um deles sobe à superfície a fim de examinar a situação, retornando periodicamente para informar os companheiros das terríveis circunstâncias lá em cima. Com a comida e a matéria-prima que o intrépido espião consegue lhes fornecer e com o que eles mesmos produzem no porão, conseguem sobreviver trinta anos.

São extremamente imaginativos, extremamente engenhosos e se orgulham imensamente da sua realização.

Só há um problema: os alemães foram derrotados pelos aliados em 1944. O amigo velhaco dos habitantes do subterrâneo passava o tempo todo enganando-os. Enquanto ele trapaceava para obter riqueza e poder na superfície, os outros definhavam no subterrâneo, totalmente esquecidos. E, ao sair lá, davam com um mundo totalmente diferente do que imaginavam. Então vinha o caos.

Muito bem. Guarde essa idéia.

138   OS 10 MANDAMENTOS DA PROPAGANDA

Antes de continuar a história do filme iugoslavo, vamos parar um pouco e recordar alguns comerciais de televisão. O primeiro aterrissou na minha escrivaninha em 1986. Chegou acompanhado de um *press release* alardeando um enorme orçamento de produção empregado a serviço do que eles denominavam uma "ruptura inovadora" nas comunicações. O segredo dessa ruptura particular era a ciência da semiótica – isto é, comunicar significados por meio de símbolos poderosos imbuídos de significância muito além da sua interpretação literal. O tipo da coisa sobre a qual Jean Baudrillard e Noam Chomsky escrevem. Umberto Eco. Caras assim, caras que não têm nenhuma responsabilidade direta pela participação no mercado.

"Uau", eu disse comigo, apressando-me a tirar o videocassete do estojo. "Deve ser uma porcaria."

Sim, tirei conclusões apressadas, mas não por arrogância ou mau humor. Era a experiência falando. A maioria dos piores anúncios que eu já vi me foram enviados por FedEx pelos criadores, sem ser solicitados, acompanhados de animadíssimos *press releases* falando nesta ou naquela ruptura inovadora. De modo que, é verdade, eu me preparei para um fiasco, se bem que, é claro, sem eliminar a possibilidade de ter uma surpresa agradável. O filme se intitulava "Evolução". Começava com a tomada de um homem das cavernas, um neandertal barbudo com uma tanguinha idiota e de costas muito peludas, correndo num desfiladeiro glacial. Correndo, correndo, correndo. O espectador não sabia por quê, mas o tal sujeito pré-histórico só podia estar fugindo. Acabava chegando ao alto de um morro, mas, ao avançar, topava com uma fenda, no chão, larga demais para que ele pudesse saltá-la.

Assistindo a tudo isso, o espectador tinha de pensar, Ah, então foi assim que o elo perdido se perdeu. Mas, não, o cara pulava assim mesmo – dava um salto longo e altíssimo. E, estando no ar, em *close-up* extremo e em câmera superlenta, obviamente se transformava num astronauta.

Com roupa espacial, andando no espaço. Sorrindo. E acenando.

Se você pensa que o filme vinha acompanhado de um impresso para ligar os pontos narrativos, deve ter esquecido que se tratava de uma inovação semiótica. O pessoal que gastou 250 mil dólares de 1986 para criar essa ruptura inovadora estava comunicando significados por meio de símbolos poderosos imbuídos de significância muito além da sua interpretação literal. A única coisa que esse comercial oferecia para finalizar a venda era um logotipo e um refrão na voz do locutor:

"Perpetual. Onde o seu banco vai estar."

Isso mesmo, era um comercial de banco – nada menos que um comercial de um banco local. Curiosamente, porém – embora comunicasse claramente significados por meio de símbolos poderosos imbuídos de significância muito além da sua interpretação literal –, o anúncio não ganhou prêmios nem troféus nem adoração pelos envolvidos na sua produção. Ganhou foi ampla rejeição e muito ridículo. Em todo caso, como o autor do *press release* talvez imaginasse, o fato é que muita coisa aconteceu como conseqüência direta e indireta desse exemplo supremo de tola e pretensiosa autogratificação.

A agência, a Athey Martin Webb, Richmond, Virgínia, perdeu a conta.

A agência fechou as portas.

O banco faliu.

"Perpetual" nada. O *slogan* devia ter sido "Efêmero. Isso é o que o seu banco vai ser."

Daí:

Verificação da realidade nº 1: Você acredita mesmo que os consumidores estão à espera de uma ruptura inovadora?

Não estão. Não se empenhe tão cegamente em "ser diferente" porque você vai acabar cavando a sua própria sepultura.

No entanto, isso acontece o tempo todo devido, faz tempo que eu desconfio, a uma incompreensão fundamental, por parte do pessoal de propaganda, daquilo que eles fazem para ganhar a vida. Eis outro comercial, de 1988: imagine cinco panacas exaustos entrando num elevador, todos de cabeça baixa, ombros caídos, não só esgotados como também derrotados no fim do dia. A música de fundo: os acordes tristes, lentos, de "O barqueiro do Volga".

Agora imagine a porta do elevador se fechando para mostrar, é claro... uma enorme etiqueta da Campbell' Soup. Isso mesmo, e agora imagine a porta se reabrindo para um novo fundo musical: o alegre tema "Mmm-mmm good". E o que aconteceu com os cinco passageiros? Parece que sumiram, mas então a câmera se desloca para baixo e mostra... bebês! Os fatigados adultos se transformaram em bebês. Bebês sorridentes, balbuciantes. Então se ouvia a voz do locutor: "No fim de um longo dia, um prato de sopa Campbell bem quente faz com que você volte a se sentir... novinho em folha".

René Magritte, morda-se de inveja. O enigma se funde com o marketing da sopa condensada. "Nós queríamos fazer uma coisa muito simples, mas, ao mesmo tempo, evocar uma cálida sensação de nostalgia mediante o uso do simbolismo", explicou um executivo da Backer Spielvogel Bates, Nova York, em um *press release*. "Os cinco adultos, por exemplo, não são cinco pessoas, e sim o mundo inteiro. A ingestão da sopa é comunicada pelo fechamento da porta do elevador."

Ah, sim. Claro que sim. E o tom bege das paredes internas do elevador simboliza ou a morte, ou a castração, ou "Esperamos que você goste de sódio". Ainda não sei o quê. Seja como for, esse cara andou lendo Nathaniel Hawthorne demaaaais!

Tudo bem, talvez isso seja um golpe baixo, porque, em si, a idéia da agência de usar a imagem não-verbal para realçar o poder regenerador da sopa quente não era tão terrível assim. A carga da Brigada Ligeira*, essa foi uma idéia terrível. A invasão do Watergate foi uma idéia terrível. Noxzema para Boazudas foi uma idéia terrível. O filme da Campbell foi uma idéia satisfatória, executada terrivelmente – como a missão de resgate dos reféns do Irã e a acusação contra O. J.

Entretanto, deve haver algo melhor do que um elevador cheio de bebês para simbolizar a cálida vitalidade da sopa – uma imagem que sugira não tanto regeneração quanto... sei lá... Sopas Campbell para bebês? Foi ambicioso; isso eu reconheço. E foi extremamente, extremamente artístico. Aliás, exatamente o tipo de afetação artística que, como vimos no capítulo 2, leva as pessoas a detestarem a arte. Mas também foi completamente desnecessário, porque – e eu lamento dar esta notícia horrível – propaganda não é arte.

Verificação da realidade nº 2: Você acha que é artista só porque o chamam de redator ou diretor de arte?

---

* Referência a um poema do inglês Alfred Tennyson (1809–1892). (N. T.)

Se acha, fique sabendo que está séria e perigosamente enganado. A propaganda usa ferramentas artísticas e precisa usá-las bem, mas, fundamentalmente, está longe de ser arte. É comércio. Existe por um único motivo: vender coisas às pessoas.

Difícil dizer qual incursão no simbolismo artístico foi mais atarantadora em sua semiótica semipsicótica, mas, pelo menos na defesa do Perpetual, não é tão difícil assim ver que um banco pode muito bem sair em busca de algo diferente. Antes de ir trabalhar na elaboração de campanhas, os departamentos de criação das agências geralmente fazem algum tipo de pesquisa atitudinal e sempre – sem exceção – descobrem a mesma coisa: as pessoas não gostam de bancos. Acham-nos impessoais, burocráticos, sovinas, frios e alheios às técnicas mais elementares de atendimento ao cliente. O resultado é que, desde mais ou menos 1960, uns 90% da propaganda de banco passaram a reiterar a lista de queixas e a afirmar, de um modo ou de outro, "Nós somos diferentes".

Naturalmente, até o fim da década de 80, quando muitas agências começaram a observar horários normais – em oposição à ridícula mania dos banqueiros de fecharem às três da tarde – e o serviço bancário por telefone se simplificou, e se introduziram diversas outras inovações, tudo aquilo era uma grande mentira. Nenhum banco era diferente, e o ressentimento do cliente não fazia senão aumentar. Obviamente, o que o banco por telefone fez pela confiança do cliente não bastou para compensar a crise da poupança e do empréstimo, um fiasco de 150 bilhões de dólares gerado pela maior fraude financeira da história do comércio. (Veja o capítulo 8, "Segure o tratante, por favor".) E bem quando o governo preencheu o último cheque para reparar o dano, o Congresso mudou a lei da atividade bancária interestadual. Não tardou para que as ruínas fumegantes do Perpetual fossem adquiridas pelo Crestar, que, subseqüentemente, foi adquirido pelo SunTrust, o qual – no momento em que escrevo – está sendo adquirido pelo Wachovia. Alhures, o American Bank of Pennsylvania virou o Meridian, que foi adquirido pelo CoreStates, que foi adquirido pelo First Union. E assim por diante. Súbito, os bancos deixaram de ser considerados frios e impessoais. Ficaram obscenamente vorazes, frios e impessoais. Cultivar uma relação agradável e pessoal do cliente com o Citibank era como cultivar uma relação agradável e pessoal com o Pentágono.

142 OS 10 MANDAMENTOS DA PROPAGANDA

Em semelhante ambiente, não se pode esperar que o simples fato de mencionar os horários de atendimento nos comerciais consiga derrubar a muralha de incerteza e desconfiança do público.

Isso nos leva a outro exemplo, uma campanha para aquele mui voraz leviatã financeiro, o First Union. Tendo compreendido que os clichês do gênero tinham perdido, havia muito, a pertinência para os clientes, o anunciante resolveu estabelecer um idioma totalmente diferente para a categoria. Assim, em 1998, com muito estardalhaço, o colosso criado pela fusão divulgou dois comerciais extraordinariamente góticos. Concebidos pela Publicis & Hal Riney de San Francisco e produzidos pela Industrial Light & Magic – a empresa de efeitos digitais de George Lucas – os comerciais lançaram mão de todo tipo de espalhafato computadorizado para criar um cenário e uma atmosfera que pareciam diretamente plagiados do *Batman* de Tim Burton. O filme introdutório começava com uma voz em *off* pertencente ao melífluo Hal Riney em pessoa.

"Este é um mundo que poucos conhecem bem, um mundo de risco e incerteza, em que as estradas podem levá-lo ao sucesso ou à prosperidade – ou, às vezes, a lugar nenhum. Este é o mundo financeiro."

Esse não era o típico Riney-fala-mansa do tipo que adornou comerciais de todo mundo, desde Ronald Reagan até as lanchonetes de metrô. E não era de admirar. As imagens que o acompanhavam vinham diretamente do inferno. Na tela: uma visão dura, sinistra, profundamente perturbadora da paisagem financeira, uma cidade sombria, iluminada feito uma pista de carnaval por lâmpadas de néon muito bregas e povoada de figuras grotescas. Engole-fogos. Quiromantes. Monstros de cara pintada. Clientes ansiosos tentando agarrar alguma coisa, mas sem alcançá-la. Quando um deles caía no chão, seu rosto se partia em cacos.

"Há décadas", prosseguia Riney, "bancos e firmas de investimento de dimensões montanhosas governam o país. No entanto, muito acima do horizonte, outra montanha se ergueu – uma montanha chamada First Union, com 16 milhões de clientes, a oitava maior instituição de corretagem e o sexto maior banco da nação."

Então, qual um afloramento geológico instantâneo, emergia o altíssimo prédio de vidro do First Union, projetando a sua sombra imponente sobre toda a cidade.

"Para uma nova perspectiva do mundo financeiro, venha para a montanha chamada First Union. Ou, se preferir, a montanha vai até você."

Não, não. Por favor. Não precisa. PELO AMOR DE DEUS, FIQUE AÍ MESMO!

Uma paisagem surrealista, opressiva, à sombra de um monólito empresarial que assoma... hum... isso não é mais ou menos o que o público teme e detesta nas instituições financeiras? Como eu ia dizendo, os bancos passaram anos dizendo-se bons amigos e vizinhos muito próximos, o que naturalmente é absurdo. Mas não menos absurdo é posar de Príncipe das Trevas Financeiras. A estréia bizarra, fantasmagórica, do First Union na televisão beirava o suicídio.

Claro, o anunciante estava de olho em grandes clientes empresariais e em negócios de banco de investimento, não no varejo bancário. E a "montanha" do First Union lembrava um pouco a famosa rocha de Gibraltar do Prudential. Mas a rocha é sinônimo de estabilidade e permanência – não de arrogância, distância, fria indiferença ou acumulação excessiva de riqueza, influência e poder. Por conta do seu objetivo declarado de se tornar rapidamente um nome doméstico, corriqueiro, o First Union pagou um excedente de um milhão de dólares por filme – antes de gastar um só centavo com a mídia – para conjurar toda e qualquer emoção negativa imaginável.

Por favor, repare: Satanás é um nome familiar. O problema é que ninguém quer fazer negócio com ele.

Como não podia deixar de ser, o resultado foi notável. Quando do lançamento da campanha, as ações do First Union eram vendidas por setenta dólares. Quando o cliente finalmente suspendeu os comerciais, as ações estavam a trinta dólares. Se você estiver fazendo conta em casa e multiplicar pelo número de ações ordinárias então não pagas, vai ver que a campanha custou 36 bilhões de dólares ao cliente. No entanto, eu aposto a minha bola de beisebol autografada pelo Richie Asburn que ela continua figurando no currículo do diretor de criação.

Verificação da realidade nº 3: Será que você está tão perdido na ciranda do processo de produção, tão repleto de adrenalina criativa, que não percebe que o seu sonho elaborado pode se realizar como o pior pesadelo do espectador – e do cliente?

Ninguém do público eventual dá a mínima para o fato de o projeto ter sido muitíssimo complicado e entusiasmante.

Tal como eu disse na introdução: miopia por imersão. A gente olha, mas não enxerga. Pense nesta campanha de 2000, da DDB, Chicago, para a JCPenney. Para promovê-la na mídia, a Penney distribuiu camisetas pretas, confeccionadas no pitoresco El Salvador, com o seu novo *slogan* "it'sallinside" ["tátudodentro"] estampado na frente, e o logotipo da cadeia nas costas. Pois é, um bom começo. Como se alguém andasse por aí com uma coisa dessas no corpo. Como se, por pura vontade empresarial, o logotipo da Penney saísse da categoria "desclassificado por definição" para se transformar num emblema *cool*. Embora a Gap tenha prestígio suficiente para persuadir os clientes a bancarem os *outdoors* ambulantes, a JCPenney jamais o terá. Posso repetir? J-a-m-a-i-s-o-t-e-r-á. Entre as cadeias com a mais forte pretensão de elegância e bom gosto figuram a Arthur Treacher's Fish'n'Chips, a Mail Boxes Etc. e a Muffler King. No entanto, os filmes continuaram apresentando, com toda a seriedade do mundo, aquilo que a Penney chamava de novo conceito de vestuário feminino.

"Foi-se o tempo em que a moda ditava o que as mulheres vestiam", asseverava a empresa em seu material de divulgação. Hum-hum. Claro que se foi. Comparado com isso, o "Paz no nosso tempo" da Neville Chamberlain era uma profecia de condenação, pois pensamento volitivo não é planejamento de marketing. Mas uma coisa eu garanto: se a era pós-moda se materializar, a JCPenney vai estar muito bem posicionada.

Outro exemplo admirável da mesma agência e do mesmo ano foi para a McDonald's. Em muitos aspectos, o novo trabalho era um sucessor do "Hoje você merece um descanso" e de outras clássicas colaborações DDB-McDonald's do passado. Alegre, animado e repleto daquele empolgante material bem realista a que já estamos habituados. Mais importante ainda: o tema, "Nós adoramos ver você sorrir!", era um excelente reflexo do legado da marca e uma verdadeira síntese de seus quatro princípios fundamentais: serviço, limpeza, cortesia e valor. Além disso, o *slogan* era tecnicamente verdadeiro; a McDonald's adora nos ver sorrindo. Era a validação suprema da filosofia do fundador Ray Kroc.

O problema é que isso não passava de uma quimera. A atual experiência da McDonald's não reflete minimamente os postulados centrais de Kroc. Em 2000, coisas como serviço, limpeza e cortesia estavam deterioradíssimas. A empresa fazia muito alarde com a melhora do treinamento dos seus 600 mil empregados, mas quando o filme foi ao ar, estava longe de instilar valores de serviço no seu pessoal. A economia de pleno emprego da época não fazia senão piorar as coisas, oferecendo como mão-de-obra aqueles que, até então, figuravam entre os marginais e os inservíveis inveterados.

Isso, naturalmente, era uma força que escapava ao controle da rede. Mas também era uma situação que a empresa havia exacerbado muito por já não controlar – e nem mesmo repreender – os franqueados que não se ajustavam aos padrões. Em todo caso, seja qual ou quem for o culpado do notório McLanche Infeliz, a campanha cometeu um grande erro, porque, para qualquer um em cuja cara um balconista mal-humorado tivesse jogado um Big Mac – isto é, todo mundo –, aquilo parecia absurdamente falso.

Os comerciais eram doces (assim como o maravilhoso logotipo de Arcos Dourados enfeitados de folhas verdes), mas a promessa era simplesmente ridícula. Se você faz propaganda de sorriso e não oferece nenhum sorriso, a primeira coisa que vai receber é uma careta. A seguir, será abandonado em troca da Wendy's.

Quantos anunciantes já aprenderam essa lição da pior maneira possível? Da Chevrolet ao K Mart ao Holiday Inn ao United ao "Este não é o Oldsmobile do seu pai", nós vimos o desatino da autocongratulação precoce. A triste verdade, quando a campanha foi ao ar, é que fazia muito tempo que a rede tinha deixado de ser a McDonald's do seu pai. Com esse terrível problema de treinamento, a estagnação das vendas e a valorização desfavorável do euro (que, naquele momento, estava dizimando os lucros europeus), a empresa tinha problemas mais do que suficientes. A última coisa de que precisava era uma forte McReação adversa.

De modo que eu acho que eles ficaram meio chateados comigo quando lhes ofereci um pequeno *jingle* para a campanha:

Forget the smile. Forget the laughs.
We ring you up with pictographs.
The floor is filthy. The toilet's worse.
We're the rudest in the universe.

You want happy? Just kiss our butts.
We take your cash but hate your guts.
The closest thing to "Thanks!" you'll get
Is an outstretched hand and a Beanie pet.

Chorus: Smile! We're in denial. We think saying it must
*   make it true.*
What we love to see is same-store sales, so we're lying to
*   ourselves and you!* *

Pois é, eles ficaram chateados comigo e levaram a minha crítica em termos muito pessoais, mas o *slogan* foi reduzido a um mero "Sorria".

Verificação da realidade nº 4: Você acredita mesmo que o desejo pode mudar as coisas?

Se a sua premissa publicitária faz o público rosnar de desprezo da sua visão ridiculamente idealizada da marca, você vai acabar causando mais dano que benefício.

Lembra que lá atrás, na introdução, eu me vangloriei de nunca errar? Mas também tive a cautela de dizer que, uma vez em cem, até mesmo eu – o ungido – sou capaz de pisar na bola. Muito bem, eis uma exceção extraordinária. Em 1997, nas vésperas do Festival Internacional de Publicidade, escrevi sobre o melhor comercial do mundo naquele ano. Era da Delvico Bates, Barcelona, para o hidratante para as mãos Esencial e me impressionou muito. A ação começava com uma bonita moça pedalando numa estradinha, um quadro bucólico perturbado unicamente pelo persistente ranger da corrente da bicicleta, que pedia lubrificação. Irritada com o barulho, a moça parava, abria a bolsa e tirava um tubo de Esencial.

---

* Esqueça o sorriso. Esqueça a risada. / A gente embolsa a sua grana com pictogramas. / O chão está sujo. O banheiro pior. / A gente é o que há de mais grosseiro no universo. // Você quer um "feliz"? Lamba o nosso traseiro. / A gente pega o seu dinheiro, mas não vai com a sua cara. / A coisa mais parecida com um "Obrigado!" que você vai receber / É uma mão cobrando e uma Beanie de pelúcia. // Coro: Sorria! A gente caiu em contradição. Achamos que é só dizer algo para que isso seja verdade. // O que nós queremos é aumentar as vendas, por isso mentimos para você e para nós mesmos!

VOCÊ ESTÁ CONDENADO? FAÇA ESTE TESTE SIMPLES! 147

Abria-o, pegava uma porção de creme e o passava na corrente. Então reiniciava o passeio. Range-range. Range-range. Range-range.

O barulho não desaparecia. Por quê? Porque, como explicava a voz do locutor, "O Esencial hidrata, mas não é oleoso".

Que bela idéia publicitária: um filme problema/solução em que a marca, evidentemente, não solucionava o problema! Em outras palavras, tratava-se de uma expressiva demonstração dos não-atributos do produto. Inspirada. Engenhosa. Inteligente.

Certo? Não, errado. Terrível e embaraçosamente errado, porque o hidratante para as mãos Esencial não existia. Era um *trucho*, um fantasma, um falso comercial, criado para faturar o Leão de Ouro – coisa que, com a ajuda da minha cruzada a seu favor, infelizmente aconteceu. Uma vergonha para eles. Uma vergonha para Cannes. Uma vergonha para mim.

Verificação da realidade nº 5: Você acredita nas suas ficções?

Anúncio "fantasma" não é anúncio. Não há nenhum "corte do diretor". Nenhuma obra-prima que o cliente não aprovou. Nenhum comercial de 60 segundos se a compra de mídia foi só de só 30. Não existe. A única propaganda que existe é aquela que o consumidor vê. Ponto final.

Olhe, a gente erra. Essas coisas acontecem. Em algum momento, a vida e a carreira de qualquer um acaba tropeçando na Lei das Conseqüências Inesperadas. O objetivo da nossa investigação é simplesmente determinar por que isso acontece com tanta freqüência na propaganda, coisa que eu vou tentar fazer já, já. Mas, por enquanto, console-se com o fato de que todo mundo está sujeito a isso. Todo mundo. Até eu. Até a Nike.

Trata-se de uma empresa que, em parceria com a Wieden & Kennedy, Portland, Oregon, transformou quatro *insights* singelos numa indústria de 100 bilhões de dólares. O primeiro, do fundador Phil Knight, foi que os calçados esportivos modernos, tecnologicamente superiores, podiam ser vendidos com altas margens com a ajuda da propaganda sofisticada e inspiradora. O segundo foi a visão de Knight de "possuir" o esporte – o seu poder, a sua emoção, o seu entusiasmo, a sua coragem, o seu drama, a sua glória. Ele sabia que a Nike podia fazer a sua marca representar tudo quanto o esporte abrangia. O terceiro foi a formulação da Wieden "Just do it", um conselho quase tão rude quanto o que ajudou a inspirar e autorizar milhões de pessoas, no mundo todo, a tirar o traseiro do sofá e ir fazer o que fazia o peludo homem da caverna, fora a conversão supernatural ao programa espacial. E o quarto foi contratar Michael Jordan.

Alguns pedem conselho publicitário a Deus. Outros fazem com que Ele assine um contrato de longo prazo.

Em suma, a Nike fez mais do que qualquer anunciante, depois dos cigarros Marlboro, para tornar o marketing a essência do seu produto. A propaganda não se limitava a agregar valor; representava a maior parte do valor de qualquer roupa com a "ondinha" da Nike.

Tudo isso para dizer que nós não estamos falando de gente incompetente. No entanto, durante os Jogos Olímpicos de Sydney, a Nike e a Wieden resolveram fazer uma observação engraçada sobre os benefícios do esporte e acabaram ficando no epicentro de um escândalo.

O filme apresentava a campeã de atletismo Suzy Favor Hamilton fugindo, apavorada, de um psicopata armado de motosserra. O brutamontes, parecidíssimo com o horrendo Freddy Krueger dos filmes de terror, era visto surpreendendo-a em casa e perseguindo-a na floresta, com óbvias intenções homicidas. Mas Hamilton, atleta olímpica que era, deixava-o facilmente para trás. A mensagem: "Esporte para quê? Para viver mais."

Quá. Quá. Quá. A tentativa de satirizar o gênero terror-para-adolescentes foi tão eloqüente e assustadora que acabou sendo amplamente criticada e ridicularizada como uma perversidade, uma piada de mau gosto que vulgarizava a violência contra a mulher. Uma espectadora, citada pelo *New York Times*, classificou o comercial de "verdadeiramente asqueroso e misógino". Isso já seria bem grave se os envolvidos estivessem tão deslumbrados com a própria inteligência e própria noção de humor negro que, simplesmente – como no fiasco do First Union – não conseguissem prever o potencial de fracasso. Surpreendentemente, porém, neste caso uma porta-voz da agência declarou que a reação indignada era "algo esperada". Mesmo assim eles foram em frente, arriscando desnecessariamente a sua preciosa imagem junto aos clientes, assim como a sua própria reputação. É praticamente essa a definição de húbris, uma qualidade que, com toda certeza, está fadada a destruí-lo. Ocorre que o filme acabou sendo associado a certas revelações acerca das fabriquetas asiáticas que produziam os tênis Nike com mão-de-obra superexplorada, e a prosperidade da empresa declinou.

Verificação da realidade nº 6: Você está tão convencido da sua infalibilidade que se imagina imune ao julgamento do mundo exterior?

Pense no conselho que costumam dar aos telhadores e metalúrgicos. Você precisa se sentir cômodo aí em cima, do contrário, vai cair. Mas não pode se sentir cômodo *demais*, pois senão, acaba esquecendo onde está... e cai.

O erro grosseiro da Nike é uma história espantosa e uma boa fábula que serve de alerta, mas, quando se trata de pura distração, quando se trata de um desfile de moda na passarela para o Emperor's New Sneakers, não há – e é bem provável que nunca haja – nada parecido com a Just for Feet.

Foi em 1998. A Just for Feet era uma varejista em rápido crescimento, no ramo de calçados esportivos, ansiosa por estabelecer a sua marca nacionalmente e, ao mesmo tempo, gerar tráfego de loja e promoção com brindes. O brinde específico que a empresa pretendia oferecer era um utilitário Hummer zero quilômetro. E pediu à sua agência, a Saatchi & Saatchi, Rochester, Nova York, que bolasse um comercial capaz de erigir a marca e, simultaneamente, promover a promoção. O resultado é inesquecível, mais ou menos como é inesquecível expelir um cálculo renal.

O comercial se iniciava com um maratonista negro, descalço, treinando na vasta savana do Quênia. A seguir, aparecia um Humvee ou, pelo menos, um Hummer civil pintado com camuflagem do deserto, no qual cinco ocupantes brancos com farda de combate pareciam procurar o atleta na planície. Em meio a muita comoção, conseguiam avistá-lo, alcançá-lo, prendê-lo e narcotizá-lo. Por fim, o pobre maratonista voltava a si e descobria que lhe haviam calçado – à força e em arrogante negação dos séculos e séculos de tradição queniana – um par de tênis da Just for Feet.

O cliente fez restrições quanto a vários pontos da concepção e da produção do comercial, mas a agência – glacialmente aprisionada no Processo Criativo – argumentou, estupidamente, que aquela era uma maneira humorística de dramatizar o alcance cada vez maior da marca. Como

OS 10 MANDAMENTOS DA PROPAGANDA

essa gente deve ter ficado chocada quando o anúncio foi ao ar e, com ele, veio a tempestade! O comercial era tão violento, tão neocolonialista e tão fundamentalmente racista e – ah, a propósito – tão bizarramente oblíquo, em termos de venda do produto, que o cliente teve de retirá-lo imediatamente e pedir desculpas por havê-lo divulgado.

Para a felicidade do anunciante, o filme do Humvee foi ao ar só uma vez. E, afinal de contas, quanta gente assiste ao Super Bowl?

Isso mesmo, ao Super Bowl. Foi a idéia da Saatchi para atingir as multidões. Eu mesmo vi o anúncio na sexta-feira, antes do jogo, e – pela segunda vez em vinte anos – telefonei para a agência a fim de perguntar se eles realmente tinham a intenção de divulgar aquela monstruosidade. Sim, disseram eles, "Nós estamos entusiasmados com o filme". Estavam tão, mas tão entusiasmados que gastaram 2 milhões de dólares do cliente pelo espaço no grande jogo, mais 900 mil na produção e algo próximo de 800 mil na promoção do Hummer. O comercial, eles tinham certeza, ia deixar uma impressão duradoura.

E deixou mesmo. Depois do pesadelo publicitário que se seguiu, o cliente acabou ficando tão impressionado e tão empolgado que entrou com um processo por perdas e danos contra a agência: "Como conseqüência direta do desempenho assombrosamente inaceitável e chocantemente amadorístico da Saatchi, a boa reputação da Just for Feet foi atacada, o seu prestígio ficou prejudicado e sujeito a uma percepção pública totalmente infundada e involuntária de que é uma empresa racista ou racialmente insensível". No momento em que escrevo, o litígio continua pendente. Mas a lição é clara:

Verificação da realidade nº 7: Quando alguém agita uma bandeira vermelha, você acha que isso significa "Tenha cautela"?

Não, significa "Pare".

Essas são as sete perguntas que convém fazer em cada fase da produção de um anúncio publicitário. Mas isso não quer dizer que valha a pena marcar esta página e sair citando-a por aí a toda hora. Quer dizer que vale a pena integrar permanentemente ao processo de criação mecanismos para checar a realidade em cada etapa. Como já ficou estabelecido, é muito, muito fácil deixar-se absorver pelo processo a ponto de perder toda perspectiva – mais ou menos como os pobres coitados que se perdem na floresta e ficam andando em círculos por falta de uma bússola ou de um ponto de referência no horizonte – até cair e morrer. Portanto, o que eu digo é: não fique andando em círculos até cair e morrer. Antes de se aventurar na floresta, estabeleça um ponto de referência da realidade exterior à agência e nunca o perca de vista. Uma solução: discussões de grupo.

Não que as discussões de grupo constituam a verdadeira "pesquisa". Nada disso. Aliás, como elas consistem numa amostra estatisticamente insignificante e podem ser manipuladas pelos líderes ou pelos machos alfa tagarelas que delas participam, as discussões de grupo podem ser *antitéticas* à pesquisa, levando os "pesquisadores" às conclusões mais equivocadas. Geralmente, as discussões de grupo são, isto sim, um modo de abrandar os deslumbrados que se imaginam na presença de dados em tempo real. Infelizmente, eles não estão na presença de dado nenhum. É pura conversa fiada, muitas vezes interessante, mas que pode ser gerada com a mesma facilidade e sem o menor custo na ceia de Ação de Graças ou na barbearia.

Mas, visto isso, as discussões de grupo podem ser úteis para monitorar as campanhas em desenvolvimento. Por quê? Porque um dos panacas que você recrutou cientificamente, molestando-os no shopping, perto da loja Orange Julius, pode dizer alguma coisa digna de ser ouvida. Algo como "Isso é sórdido". Ou "Como você se atreve?" Ou "Eu não vou ao shopping para decodificar mensagens de sopa condensada". Ou "Um sorriso no McDonald's? Dessa eu gostei". Ou simplesmente, "Não entendi". Não são dados, mas, sem dúvida, merecem ser investigados. Você não precisa de dados estatisticamente significativos para topar com um *insight*, especificamente se o *insight* for: esse comercial não presta.

(Houve um momento, anos atrás, em que eu, contemplando a quantidade inexaurível de oportunidades de negócio, cheguei a pensar em abandonar o jornalismo e me colocar à disposição dos clientes como verificador individual da realidade. Os cifrões começaram a voar na minha cabeça. Então resolvi fazer a minha própria verificação da realidade e percebi que era melhor pingar Pinho Sol nos olhos.) Mas pouco importa qual mecanismo específico uma agência e seu cliente empregam para evitar os fiascos tão cruamente descritos neste capítulo, o que importa é

152 OS 10 MANDAMENTOS DA PROPAGANDA

que haja um mecanismo. Perguntar para a mulher e os filhos é melhor do que nada. O grande segredo é escutar, seja qual for a fonte externa que você estiver consultando. Escutar com atenção. Não faça cara feia nem descarte a negativa, porque, se você o fizer, no devido tempo, é exatamente isso que o público vai fazer com você.

A propósito, voltando à obra-prima cinematográfica de Kusturica. Ao sair finalmente à superfície, a pequena sociedade subterrânea topava com uma equipe de cinema filmando a sua história *in loco* – um filme que os idealizava como heróis da guerrilha. Eles confundiam a ação diante da câmera com a realidade e se lançavam à ação militar para a qual se haviam preparado durante décadas. No qüiproquó que se seguia, havia derramamento de sangue, os amigos se voltavam uns contra os outros, e o país acabava em ruínas. A sua meta era alterar o curso da história, e, de um modo apocalíptico que eles nunca imaginaram na irrealidade do buraco onde viviam, foi precisamente isso que fizeram.

CAPÍTULO **8**

SEGURE O TRATANTE, POR FAVOR

São gozados esses republicanos. Grandes campeões da lei e da ordem quando se trata de manter o irrequieto povão sob controle, opõem-se filosoficamente (e quase patologicamente) a toda e qualquer regulamentação governamental da economia. Isso acaba tendo conseqüências deletérias quando sólidos cidadãos, com várias residências e as mais finas gravatas, se mancomunam com lobistas e advogados caríssimos para mentir, trapacear e saquear. Que tal recordar o período entre 1982 e 1990? Foi quando – e isso eu digo com todo respeito – aqueles vermes ladrões, vigaristas imundos, como Michael Milken e Charles Keating, se aproveitaram das medidas de desregulamentação da legislação federal, compradas a um preço exorbitante, para saquear a indústria de poupança e empréstimo e os milhões de depositantes inocentes de 150 bilhões de dólares. Foi o maior crime financeiro da história do mundo.

Um crime sumamente técnico e complicado, como tendem a ser todas as fraudes financeiras. Os métodos eram tão arcanos, e as cifras em dólar, tão inimagináveis que a imprensa ficou sem saber como cobrir a história de modo que os leitores simplesmente entendessem, já nem digo ficassem indignados. Nos jornais de todo o país, os jornalistas passaram anos tentando documentar e explicar a magnitude da fraude, mas esse esforço era, tipicamente, relegado aos cadernos de economia, às páginas internas do noticiário ou, quando acontecia de ir parar miraculo-

154   OS 10 MANDAMENTOS DA PROPAGANDA

samente na primeira página, ficava sempre abaixo da dobra, perto do último episódio não lido da reforma do financiamento das campanhas. Só em 1993 o *Washington Post* se dignou a estampar uma reportagem sobre o escândalo da poupança no alto da primeira página. Referia-se à Resolution Trust Corp., o órgão federal incumbido de sanear as poupanças assediadas:

"A RTC Paga 35 Dólares por Hora para Fotocopiar Arquivos"; "Investigação Aponta para Contrato Multimilionário"

Resultou que a RTC estava pagando valores ridículos para fotocopiar documentos, o que gerava despesas para o governo e, por conseguinte, para o contribuinte. Como era de se prever, o público ficou furioso. Os programas de rádio se entregaram ao histerismo. Providenciou-se uma investigação. E, inevitavelmente, uma auditoria federal conseguiu detectar um superfaturamento da ordem de 15 mil dólares.

Quinze mil dólares.

Um centésimo de milésimo do valor da roubalheira da poupança.

Foi como uma tampa de latrina de setecentos dólares embutida no orçamento federal de um trilhão. A raiva aflora facilmente nos escândalos que a gente pensa que entende. A história se repetiu no escândalo da Enron, quando uma gangue de escroques igrejeiros filantropos trajados de Hermès falsificou os livros com uma intrincada coleção de parcerias *offshore*, transformando a Enron, primeiro, de antiquada empresa de oleodutos que era, num moderníssimo dirigível dos altos vôos da desregulamentação e, depois, num *Hindenberg* financeiro. Os 600 milhões de dólares em prejuízos escamoteados mal chegaram ao conhecimento do público. Só quando os empregados perderam empregos de 50 mil dólares anuais e fundos de pensão foi que o escândalo apareceu nas manchetes por ser a catástrofe humana que era.

E o mesmo acontece na propaganda toda vez que se descobre um delito freqüentemente de igual magnitude. Alguém da BBDO põe bolinhas de gude no fundo do prato para que a sopa Campbell pareça mais rica em legumes. Um malandro da produtora reforça a capota do Volvo com vigas de ferro para a colisão na dramática demonstração de resistência da carroceria. Um consultor político espertalhão insere *flashes* semi-subliminares da palavra *RATOS* numa propaganda até então apenas repugnante. Outra – vamos dar nome aos bois, Cybill Shepherd – é pilhada fazendo apologia da carne vermelha, sendo que em casa ela se recusa a ingeri-la.

E toda vez que algo assim acontece, as pessoas exclamam "Ah! Eu sabia!" É um negócio sórdido, enraizado na desonestidade.

Mesmo na indústria, esses incidentes sempre desencadeiam uma comoção acompanhada de nervosas manifestações acerca da integridade da propaganda. Ok. Ótimo. A indústria devia mesmo zelar pela sua integridade, mas sopa "adulterada" não chega a ser um bicho-papão. Os verdadeiros vexames da propaganda não são os casos isolados de trapaça de bastidores. Os grandes escândalos são, tal como a crise da poupança anos antes que o público percebesse, maiores e permanentes.

O capítulo 6 documentou um deles: a alarmante tendência à propaganda chocante. Outro é a propaganda política, cujo rançoso hábito de conspurcar a democracia eu não vou discutir aqui, pois, em geral, isso não é coisa propriamente da indústria, e sim dos consultores políticos de Washington, em comparação com os quais qualquer lobista da indústria de cigarros é um Dalai Lama. Então veio o sexismo, que, como nós também vimos, volta a borbulhar de vez em quando e, ocasionalmente, irrompe em proporções vulcânicas. Esses são os flagelos notórios. Mas há outros flagelos que persistem o tempo todo na propaganda, mas que, ao que parece, raramente são detectados pelo radar regulamentário do governo, muito menos pelo do público. Vamos começar por um bem óbvio: a desonestidade.

JOE ISUZU, PERSONAGEM MODELO

Numa pesquisa Gallup de novembro de 2001, para avaliar a honestidade e o comportamento ético de várias profissões, os bombeiros (logo depois do ataque ao World Trade Center) ficaram em primeiro lugar: 90% dos entrevistados os julgavam bons ou ótimos em termos de integridade. Depois vinham as enfermeiras, os membros das forças armadas, a polícia, os farmacêuticos e os médicos. A seguir, com 64%, figurava o clero. Os jornalistas, com 29%, ficavam espremidos entre os banqueiros e os parlamentares. Os advogados receberam 18%; os vendedores de seguros, 13%.

Eu tenho o prazer de revelar que os publicitários não ficaram em último lugar. Os últimos foram os vendedores de automóveis, com 8%. Os

156 OS 10 MANDAMENTOS DA PROPAGANDA

profissionais de propaganda – 11% – ficaram em penúltimo. Imediatamente abaixo dos corretores de seguros. Veja bem, *abaixo* dos corretores de seguros.

Parabéns. Com toda lealdade, nem os terroristas nem os seus malvados primos, os podólogos, entraram na lista, de modo que quem pagou o pato foi a propaganda. Mas, levando em conta que incidentes como o do Volvo reforçado com vigas não são tão comuns assim, convém investigar os motivos dessa desconfiança e desse descaso tão universais.

Se você quiser ser defensivo, pode voltar para o capítulo 5 e procurar a explicação: as pessoas são burras. Sem dúvida, parte da aversão do público pela indústria se apóia numa espécie de sabedoria convencional desmiolada: é *preciso* identificar a propaganda com o engodo. O risco é só do comprador, e assim por diante. Mesmo que não tenham um motivo real para desprezar a indústria, os entrevistados sabem que são livres para dizer que o têm. É como reclamar da previsão do tempo na televisão. Parece uma opinião real, e ninguém nunca a contesta. E, caso alguém a conteste, basta uma nevasca não prognosticada – ou, por exemplo, uma revelação dietética de Cybill Shepherd – para encerrar a discussão.

No entanto, essa é apenas uma parte da explicação. A outra é o longo e freqüentemente inglório histórico de exagero, engano e sujas meias verdades da indústria, algumas das quais persistem até hoje. A boa notícia é que tal comportamento, embora persista, não prevalece. Porque, atualmente, a maior parte da mídia está discretamente vigilante, e porque os anunciantes nacionais receiam ser levados à Justiça federal pelos concorrentes; para a grande maioria das categorias nacionais de propaganda, o tempo do embuste deslavado acabou substancialmente. Mas o que permanece em certas categorias é a venda sistemática de meias verdades – a ardilosa reunião de fatos nominais que, inevitavelmente, leva o consumidor a uma falsa conclusão. No serviço de ligações a longa distância, na telefonia celular, no *leasing* de automóveis, nos cartões de crédito e nas promoções das lojas de departamentos, os consumidores aprenderam, da pior maneira, a acreditar que o grande negócio alardeado pelos *slogans* não passa de uma mentira devido às restrições, exceções, custos ocultos e armadilhas financeiras escondidas nas letras miúdas (ou nos contratos em áudio, que falam mais depressa do que John Moschita). Pode ser que você dê de ombros e diga, "Ora, isso é apenas o *varejo* da propaganda; não é a mesma coisa que estigmatizar." Aliás, eu sei que as pessoas dizem isso porque foi isso que um publicitário – Sean "Heartbeat of America" Fitzpatrick, ex-vice-diretor da McCann-Erickson Worldwide – escreveu na minha própria publicação.

"O público está exposto a uma enorme quantidade de lixo que atende pelo nome de propaganda", escreveu o atual professor Fitzpatrick em fevereiro de 2002. "Parece propaganda. Soa como propaganda... Você e eu sabemos que não é a *nossa* propaganda."

Sabemos mesmo? Olhe, Sean é um cara legal, e é estimulante vê-lo querer separar os nobres construtores de marca dos comerciantes de carpete, mas ele só saiu da Madison Avenue para se estabelecer no Mundo da Negação. Acreditem em mim, os consumidores vêem toda propaganda como propaganda porque toda propaganda *é* propaganda – motivo pelo qual cada 2.900 dólares de entrada inadequadamente revelados para o *leasing* de um carro de 209 dólares mensais acaba lesando a credibilidade da Colgate-Palmolive, da Hyatt Hotels e também da Subway and Ameritrade. A decente proposta de Sean é de uma propaganda de marca com uma espécie de aval conjunto da American Association of Advertising Agencies, da American Advertising Federation, da Association of National Advertisers.

Ah, *isso* tranqüilizaria todas as consciências.

Eu tenho uma idéia melhor. Que a AAAA, a AAF e a ANA passem a cobrar honestidade de todo o mundo.

A indústria publicitária se curvou diante da regulamentação governamental da Federal Trade Commission e da Food and Drug Administration*, preferindo fazer *lobby* a favor da glacial, desdentada e basicamente irrelevante "auto-regulamentação" da divisão de propaganda do Council of Better Business Bureaus**. O governo federal também colaborou um pouco, desde o fim da administração Jimmy Carter, desmantelando substancialmente o seu aparato de regulamentação da propaganda e transferindo a responsabilidade para os tribunais da NAD. Foi um

---

* Food and Drug Administration (FDA), órgão do governo norte-americano responsável pela proteção do suprimento alimentar e de medicamentos. (N. T.)
** Council of Better Business Bureaus, fundação norte-americana dedicada à proteção do consumidor. (N. T.)

mau negócio. Pergunte a Rudy Giuliani, que entendeu que a criminalidade recua quando há mais polícia na rua infernizando a vida dos pés-de-chinelo. Umas raras boas medidas regulamentárias e disciplinares do governo doeriam no começo, mas depois teriam exatamente o mesmo efeito intimidador que a indústria tanto receia, e o resultado final seria o fim dos abusos crônicos e clamorosos que emporcalham, o tempo todo, não só os mais desclassificados perpetradores como a totalidade dos publicitários. Em outras palavras – mediante aproximadamente o mesmo mecanismo do Milagre da Nova York de Rudy –, com o tempo, a reputação da indústria e a credibilidade de suas mensagens seriam enormemente beneficiadas. Uma péssima notícia para os corretores de seguros de toda parte.

HÁ MENTIRAS, MENTIRAS ABOMINÁVEIS E REMÉDIOS PARA A SINUSITE

Agora, embora eu tenha dito que não ia me ocupar muito da propaganda política – e não vou mesmo –, não custa dar uma rápida olhada para ver o problema em sua pureza cristalina.

Em 1999, no fim da campanha do legislativo da Virgínia, o deputado e candidato democrata Ken Plum estava à frente do rival republicano Mike Pocalyko. Estava à frente apesar da sua coerente – e coerentemente impopular – oposição à pena de morte. Entre os projetos contra os quais ele tinha votado, alguns prescreviam a pena de morte a adultos que cometessem crimes sexuais contra crianças. Plum era favorável à prisão perpétua sem liberdade condicional.

Na semana anterior à eleição, Pocalyko resolveu chamar a atenção dos eleitores do 36º distrito legislativo da Virgínia para a posição de Plum nessa matéria. E o fez remetendo panfletos ao domicílio de cada eleitor. O cabeçalho: "Quem Votou pela Proteção dos Molestadores de Crianças Que Matam Crianças?"

A mensagem era impressa com tinta bem vermelha, cheia de respingos ao redor das letras, tudo sob uma gigantesca mancha de sangue, na qual se via a imagem de uma menininha atacada por um tarado. "A gente só queria fazer com que você abrisse a brochura", explicou o candidato posteriormente. Ele perdeu.

Decerto nós podemos concordar que semelhante manipulação da informação é mórbida e censurável, mas eis a parte mais assustadora: foi realizada usando "fatos" e nada mais. Como assim? É que há uma diferença entre fato e verdade. Nesse exemplo, as partes, em si, podem ser verdadeiras, mas o conjunto é uma mentira sórdida, absurda, irresponsável, cínica, desavergonhada e detestável. Mas também é o procedimento padrão adotado nas campanhas políticas dirigidas por embusteiros sujos e oportunistas capazes de fazer Maquiavel corar.

E a propaganda regular também faz isso. Principalmente a propaganda de produtos alimentícios. Por exemplo, uma campanha de 1997 da Foote, Cone & Belding, Nova York, para as nozes mistas da Planter's. O comercial se ambientava numa ilha deserta, na qual um náufrago e o seu companheiro chimpanzé ficavam maravilhados com os caixotes de alimento que o mar jogava, inesperadamente, na praia.

"Nozes Planter's!", gritava o homem faminto. E, apressando-se a pegar uma lata de nozes, começava a comer, mas logo parava, indeciso: "Pensando bem, Cootchie", dizia ao chimpanzé, "talvez não valha a pena. A gente precisa ter cuidado com o que come". Mas, não, gesticulava o animal, examine o rótulo.

"Uma coisa tão gostosa e sem colesterol?", exclamava o náufrago. "Cootchie, vamos para as espreguiçadeiras!" E então, na praia, os dois faziam um verdadeiro banquete de nozes mistas. Enquanto isso, uma legenda superposta na parte de baixo da tela dizia: "Um alimento sem colesterol. Quatorze gramas de gordura por porção." (Aliás, o rótulo diz dezesseis gramas, o que significa que as nozes têm 55% de gordura.) Então entrava a voz do locutor: "Nozes Planter's. Gosto de recém-torradas, sem colesterol. Planter's. Relaxe. Curta."

Claro – por que não? Que importa aos marqueteiros da Nabisco se você ficar com as artérias entupidas?

Posto que nenhum anunciante tenha a responsabilidade de alertar os consumidores para os produtos gordurosos, a Planter's não tem o direito de apresentar o seu tira-gosto como "alimento sadio". Antes de tudo, no referente à proposição central, comer produtos cheios de colesterol, por si só, não é lá grande coisa. O colesterol mais nocivo – como a Nabisco sabe muito bem – é produzido pelo próprio organismo a partir da gordura saturada contida nos alimentos. Por isso, para impedir uma desorientação tão clamorosa, as normas da FDA só permitem afirmar a ausência de colesterol se o total de gordura saturada por porção for inferior a 20% do valor diário máximo recomendado. Uma porção de nozes mistas tem um total de gordura correspondente a 24% do valor diário máximo recomendado, mas apenas 11% de gordura saturada – o que, tecnicamente, permite falar em ausência de colesterol.

Isso se você aceitar que trinta gramas constituem uma "porção" realista. Trinta gramas, um punhadinho. Dois punhados ultrapassariam em muito o limite de 20%, chegando a 48% da ingestão diária recomendada de gordura. Mas deixemos isso de lado, momentaneamente, pois a questão não são as porções duvidosas. A questão é que esse anúncio não se limitava a dizer "sem colesterol". Dizia sem colesterol, *portanto não se preocupe*. Relaxe. Curta. Em outras palavras, empanturre-se. Coma quanto quiser.

O comercial levantava a questão da alimentação consciente e, a seguir, minimizava-a, dando claramente a entender que as nozes mistas não eram motivo de nenhuma preocupação dietética. O que, infelizmente, é enganoso e fundamentalmente desonesto – porque, como diria qualquer médico, empanturrar-se de nozes salgadas é loucura.

A propósito, e o alimento sadio do rótulo? Aqui está a íntegra da lista: vitamina A, 0% (do valor diário recomendado); vitamina C, 0%; cálcio, 4%; ferro, 8%; fósforo, 10%; magnésio, 15%; cobre, 20%. Ah, sim, isso é uma forte concorrência para as vitaminas Centrum.

Outro exemplo irritante: uma campanha de 1983, para a Campbell, intitulada "Sopa é boa alimentação", um dos episódios mais extravagantes do uso de pequenos fatos para contar a Grande Mentira da história da propaganda. Agora veja bem: a sopa Campbell não é um veneno. É quentinha, gostosa e até que um pouco nutritiva. No entanto, também contém uma grande quantidade de sódio, o que a coloca no alto da lista de suspeitos da polícia alimentar. E, se ela não aumenta a sua pressão arterial, a tática dessa campanha decerto há de aumentar.

A Campbell inventou um estudo complicadíssimo da esotérica categoria "densidade nutriente" da ciência dietética. A idéia é examinar determinado conteúdo nutriente de um alimento, não em termos puros, como aparece na lista de ingredientes no rótulo, mas em proporção às calorias que ele contém. Para citar um exemplo bem óbvio, cem calorias na

Coca-Cola correspondem a cerca de 1% da quantidade diária recomendada de cálcio. Mas cem calorias de leite contêm 30% dessa quantidade diária recomendada. Portanto, caloria por caloria, o leite contém trinta vezes mais cálcio do que a Coca-Cola. Isso fica claríssimo quando se compara uma fonte óbvia de cálcio com uma óbvia não-fonte. Mas não foi isso que a Campbell fez. O seu anúncio continha fatos como este: "Caloria por caloria, a sopa de tomate Campbell tem mais vitamina C do que a cenoura ou o damasco." Isso é tecnicamente verdadeiro, o que leva os consumidores à conclusão de que a sopa de tomate Campbell é uma fonte importante de vitamina C. Mas acontece que, proporcionalmente às calorias que contêm, a cenoura e o damasco não são particularmente densos em vitamina C. Fica parecendo que são, mas não são.

E a sopa Campbell também não é. Arrumando as especificações desse jeito, nada nos impede de observar que, caloria por caloria, o barro é uma fonte de ferro melhor do que o suco de laranja. Isso também é verdadeiro. E perigosamente falaz, pois o suco de laranja não contém ferro – mas é rico em vitamina C, necessária para que o organismo absorva o ferro de outras fontes dietéticas. E barro é barro. Desse modo, os fatos podem oferecer uma falsa representação da verdade, prejudicando o bem-estar nutricional do público.

Como é possível que os anunciantes se comportem da pior maneira possível justo quando é tanto que está em jogo? Não é abominável, por exemplo, apresentar a granola como uma espécie de cura para o colesterol se os cereais estão cheios de açúcar e gordura saturada? Como se justifica enganar o consumidor com uma falsa noção de alimentação balanceada e, ao mesmo tempo, vender-lhe exatamente as substâncias que ele quer evitar para preservar a saúde? Sara Lee e Ben & Jerry podem vender toda a porcaria que quiserem; eles não fingem que estão fazendo outra coisa. Mas é uma perversidade comercializar *junk food* como alimento saudável. A propaganda não pode fazer coisa pior.

Ah, espere um pouco. Pode, sim. Porque sempre existe a categoria medicamento sem prescrição médica, a mais sórdida de todas depois da propaganda política. Trata-se de um gênero que, há décadas, vem confundindo sistemática e, na minha opinião, intencionalmente os consumidores com os produtos químicos oferecidos e com os benefícios conferidos por esses produtos químicos.

162   OS 10 MANDAMENTOS DA PROPAGANDA

Tomemos o segmento resfriado/gripe/alergia. Existem três drogas anti-histamínicas quimicamente similares: a difenidramina (Benadril), a clorfenamina (Chlor-Trimeton) e a tripolidina. Todas elas aliviam o espirro, a coceira e o lacrimejo, mas todas elas podem causar sonolência grave. São dois os principais e intimamente relacionados descongestionantes sem prescrição: a pseudoefedrina (Sudafed) e a fenilpropanolamina. Ambos aliviam a congestão nasal. E há um punhado de analgésicos, dentre os quais os principais são o acetaminofen (Tylenol), a aspirina e o ibuprofen (Advil e Motrin). Essas oito drogas – mais algumas outras para o tratamento da tosse – representam todo o universo dos medicamentos sem prescrição contra o resfriado e a alergia. O Contac, o Comtrex, o Dimetapp e as outras dezenas de opções nas prateleiras das farmácias contêm uma combinação qualquer desses produtos.

As fórmulas "sinus" incluem um dos descongestionantes. As fórmulas que não causam sonolência excluem a anti-histamina. Quer aliviar a dor de cabeça? Basta acrescentar um pouco de acetominofen. É fácil – motivo pelo qual as empresas procuram fazer com que pareça tão complexo, tão mistificador.

Tão exclusivo.

Há décadas que os marqueteiros afirmam ou dão a entender, metodicamente, uma competência especial, benefícios especiais, mais alívio quando, na verdade, nada disso existe. Não admira. Do contrário os consumidores passariam a comprar anti-histamínicos, descongestionantes e analgésicos à la carte e se tratariam conforme os sintomas imediatos. O fato de esse comportamento indecente dos fabricantes promover a supermedicação e a submedicação é o que torna tal estratagema imperdoável. Mas pode ser pior ainda. Em 1999, a McNeil Consumer Productos Co. e a Saatchi & Saatchi, Nova York, tentaram minar a confiança do consumidor em toda uma classe de produtos rivais. Não contentes em confundir a questão face a outros medicamentos patenteados, o Tylenol Allergy Sinus começou a aconselhar as pessoas a questionarem as prescrições médicas. O texto:

"Muita gente pensa que a melhor maneira de combater a alergia é pegar uma receita médica. Um erro comum, porque, quando se trata dos seus sintomas alérgicos, o Tylenol Allergy Sinus lhe dá mais alívio do que o melhor remédio prescrito contra alergia. Compreenda, o melhor remédio prescrito não faz senão aliviar os sintomas [...]"

(Legenda na tela: "Coceira nos Olhos, Lacrimejo, Coceira no Nariz Congestionado, Espirro.") "Mas o Tylenol Allergy Sinus acaba com tudo isso" (mais legenda: "congestão nasal, pressão e dor nos seios da face, dor de cabeça."

Então o *slogan*: "Busque alívio na nossa força."

Aqui uma idéia melhor: desconfie desse engodo ultrajante.

O que o anúncio faz questão de omitir (e ele continua no ar enquanto escrevo) é que os anti-histamínicos com prescrição médica a que ele se refere – o Claritin e o Allegra – combatem a alergia sem provocar sonolência. Graças a essas drogas revolucionárias, muitos pacientes já não são obrigados a escolher entre uma debilitante rinite e/ou conjuntivite alérgica e uma debilitante sonolência. Se um médico receitar Allegra e o cliente também quiser alívio da sinusite e da dor de cabeça, o tratamento adequado consiste, muito provavelmente, em acrescentar um descongestionante e um analgésico, conforme for necessário – não substituí-los por Tylenol Allergy Sinus, que contém uma anti-histamina sem prescrição que provoca efeito sedativo.

Assistir a esse comercial leva a perguntar quando os reguladores federais vão impedir o iminente desastre ferroviário que se anuncia. Tenho a impressão de que todos eles tomaram Tylenol Allergy Sinus e estão dormindo no desvio.

Mas a pergunta principal é por que mentir? Tanto faz que a proposição de venda seja única se ela for fundamentalmente falaz. Acaso a possibilidade de uma vantagem transitória, no mercado, compensa o dano à propaganda em geral – e à sua alma? Por certo, você ficou com o sangue fervendo ao ler a deturpação da verdade promulgada pelo aspirante a parlamentar Mike Pocalyko. Por favor, não se iluda pensando que a Campbell e a Tylenol Allergy Sinus fizeram coisa diferente. Por mais exatos que sejam os fatos componentes e por mais astuciosa que seja a sua disposição, isso tudo não passa de engodo. Pode ser que os caras que operam com meias verdades se vejam como marqueteiros oportunistas. Talvez se julguem meros vendedores dando o melhor de si para vender o seu peixe. Quem sabe até se imaginem mestres na arte da informação seletiva. Mas eles não passam de um punhado de mentirosos.

Agora volte a examinar os resultados da Gallup. Você acha que a indústria é tão amplamente detestada porque as pessoas estão fartas do for-

164 OS 10 MANDAMENTOS DA PROPAGANDA

mato *letterbox* ou de legendas com tipos sem serifa? Ninguém gosta de passar por mentiroso. Se você está no negócio e quer preservar a sua imagem e o respeito por si mesmo, convém levar em conta a possibilidade de não mentir.

VENHA PARA O NOSSO
SALDÃO DE MILHARES DE MORTOS!

Ah, e enquanto você está procurando um jeito de não passar por mentiroso, aproveite para tentar não passar por um canalha ganancioso e explorador. Sabe como é: para ganhar tempo.

Eu estou me referindo à incapacidade de muitos publicitários de resistir à tentação de inflar a própria imagem pública – e as vendas – à custa da desgraça alheia. Pois, obviamente, à parte a importante tarefa de divulgar bens e serviços, a missão número um da propaganda é melhorar a imagem do anunciante. Não é questão de apenas atender às necessidades dos consumidores; eles precisam gostar de você. Se houver dois caras em categorias equivalentes, e eles gostarem mais de você do que do outro, e se os preços forem os mesmos, quem vai fechar negócio é você. Isso não se discute. O assombroso – e muitas vezes repugnante – é até onde os publicitários são capazes de chegar – em geral inutilmente – para angariar respeito.

Vou dar um exemplo modesto. (Não que ele não seja propriamente flagrante, mas porque, em comparação com outros, coisa que vai arrancar o esmalte dos seus dentes, é meramente infeliz.)

Em 1996, foi ao ar um comercial de cinco minutos em estilo documentário, cinzento e granuloso, que começava com uma vista do porto de Nova York. Uma tomada dramática da Estátua da Liberdade dava lugar, graças a um recuo do zum, a um emaranhado urbano de postes e fios elétricos que encobriam o rosto heróico da dama. Estávamos na rua principal do centro de Jersey City, Nova Jersey.

"Antigamente", dizia o locutor invisível, "antes dos cortes no orçamento e do déficit, havia lugares em que ser criança era tão fácil quanto subir num trepa-trepa. Esta é a história do que aconteceu quando um grupo de pessoas decidiu que antigamente era um passado muito remoto."

Assim começava o *infomercial* da Hal Riney & Partners, San Francisco, para a Saturn Corp., documentando a construção de equipamento de *playground* de milhares de dólares em doze logradouros de Nova York. O filme registrava o alegre esforço dos voluntários da Saturn em meio à fria realidade da cidade. "Ora, o Saturn é isso", dizia o diretor Skip LeFauve, trajando camiseta e *jeans* num intervalo da sua dura faina. "O Saturn é muito mais do que um carro. Sempre foi muito mais do que um carro. É uma espécie de expressão do conteúdo da nossa filosofia."

Será?

Desde o começo, o gênio por trás do marketing da Saturn foi a capacidade de Riney de apresentar a aquisição de um Saturn não como a compra de uma carroceria de metal, e sim como o ingresso numa comunidade – numa comunidade de proprietários do Saturn, de empregados de concessionárias e de operários de linhas de montagem, todos comprometidíssimos com o afável e despretensioso ideal Saturn. Depois do Fusca, nunca um anunciante de automóveis cultivou com tanto sucesso uma imagem de abnegação e serena tranqüilidade. De modo que nada parecia mais natural do que os varejistas do Saturn se aventurarem nas comunidades locais e fomentar, em termos concretos, os valores expressos na propaganda. E, evidentemente, nada era mais natural do que uma empresa tão engajada esperasse que alguém reparasse. A história da caridade empresarial consiste em conseguir, o mais discretamente possível, dentro dos limites do bom gosto e da adequação, fazer com que o máximo de pessoas saiba como você é magnânimo e solícito. Isso significa que o seu hospital para crianças cancerosas pode se chamar Casa Ronald McDonald.

Não significa espalhar cartazes por aí, cheios de arcos dourados e dizendo "Nós amparamos 2 milhões de pais de crianças doentes".

Parece que essa distinção escapou à Saturn. Com o que a empresa gastou para despachar os seus executivos a Nova Jersey e filmar a construção, dava para construir mais uma dezena de parquinhos infantis. Com o que ela gastou no comercial, dava para construir os mais diferentes tipos de *playgrounds* em todos os estados da federação. Isso é o que eu tenho a dizer acerca da filantropia discreta.

Num ponto do filme, o concessionário Jorge Rodríguez fazia uma observação sobre o lugar escolhido: um bairro que não gerava muitas vendas para ele. "Nós dizemos, 'Pois é, talvez este não seja o melhor lugar em termos de relações públicas, mas é o lugar certo'." E daí, Jorge, qual é o problema? As dificuldades econômicas de um bairro não chegam a ser um grande prejuízo quando você sai alardeando a sua generosidade em todo o país. Aliás, ainda bem que o bairro tem problemas econômicos, não? Do contrário você não teria nenhuma história heróica para contar com tanta pompa.

Sem dúvida, a Saturn ajudou as tais comunidades carentes. Mas a Saturn também explorou essas comunidades carentes, explorou-as descaradamente, assim como a todos os beneficiários étnicos – documentados em filme – da generosidade empresarial.

Uma dica útil: se você se vangloria da coisa, já não se trata de caridade. Trata-se de promoção, com crianças estampadas em cartazes.

No entanto, no vulgarômetro da propaganda, o exercício de auto-congratulação da Saturn não foi nada. Embora a degradação do centro da cidade seja trágica, também é crônica, de modo que lhe falta o potencial emocional da catástrofe aguda. Para faturar realmente com a desgraça alheia, é melhor contar com uma conflagração em larga escala, com um desastre, com uma súbita carnificina. Como a bomba que explodiu em Oklahoma City em 1995.

Sempre que ocorre uma tragédia, não falta quem se lembre de citar uma passagem famosa do Eclesiastes: "Tempo de nascer, e tempo de morrer [...] Tempo de matar, e tempo de curar. Tempo de destruir, e tempo de construir [...] Tempo de gemer, e tempo de bailar. Tempo de atirar pedras, e tempo de recolher pedras [...]" O poema é sempre eloqüente e muitas vezes vem a calhar espantosamente, mas com a mesma freqüência é interrompido antes da hora, privando-nos de uma das suas advertências mais incisivas: "tempo de calar e tempo de falar".

A fabricante de ferramentas elétricas Makita devia ter sido avisada disso. Alguns dias depois do assassinato de 168 homens, mulheres e crianças no Alfred P. Murrah Federal Building, a Makita investiu 57.500 dólares num anúncio de página inteira no *USA Today*, uma carta aberta com o cabeçalho "O NOSSO CORAÇÃO ESTÁ COM VOCÊS".

"Hoje centenas de corajosos trabalhadores do resgate estão arriscando a própria segurança na esperança de pôr fim à tragédia de Oklahoma City. A Makita Power Tools está com eles em espírito e *no local do desas-*

tre. A esses profissionais dedicados e aos inúmeros voluntários – em nome da Makita USA, Inc., dos nossos empregados e de milhares de varejistas que distribuem os nossos equipamentos e ferramentas elétricos –, pedimos que aceitem o nosso sincero agradecimento. A sua coragem abnegada, diante desse desastre sem par, é uma inspiração para todos nós. O nosso coração está com vocês."

A carta vinha assinada por Noriyasu Hattori, o presidente da Makita.

A ênfase em "no local do desastre" é minha. A indecência grotesca foi do próprio Hattori.

De modo que as ferramentas Makita estavam presentes em Oklahoma City. Grande coisa. Os fabricantes do cordão de isolamento amarelo da polícia não sentiram necessidade de capitalizar a sua participação. E o simpático pessoal da California Professional Manufacturing Inc., de Modesto, que há mais de uma década fabrica quatorze tipos de bons sacos plásticos para cadáveres? Tampouco eles tiraram proveito. Uma vez que a covardia do terrorista Timothy McVeigh deixou um túmulo fumegante, uma cidade enlutada e um país chocado, quem, diabos, estava interessado em saber qual era a marca das ferramentas elétricas usadas no local da catástrofe? Ninguém, e é exatamente assim que deve ser. O anúncio podia ter dito, "O nosso coração está com vocês." O que os leitores não deixariam de ler nas entrelinhas é: "Ferramentas Makita: excelentes para o pessoal do resgate em Oklahoma City, excelentes para você!"

Foi como se Hattori fosse ao enterro de um desconhecido e – depois de dar os pêsames à família enlutada – caísse de joelhos, em prantos, para chamar a atenção de todos. Pior até. Foi como se ele se pusesse a chorar e gritar tão convulsivamente que os presentes fossem obrigados a acudi-lo, ocasião que ele aproveitaria para distribuir o seu cartão de visita.

Mas há coisa pior.

Em 1998, em plena guerra de Kosovo, a Philip Morris Co. mandou um avião carregado de víveres – cujo valor o *Wall Street Journal* estimou em 125 mil dólares – a um campo de refugiados da Albânia. Talvez os caixotes de Kraft Macaroni & Cheese não tenham contribuído muito para mitigar o sofrimento humano causado pelo genocídio sérvio, mas ajudaram e foram amplamente elogiados. O alimento abasteceu milhares de kosovares jovens e velhos, que, sem ele, arriscavam passar fome. E, para documentar a operação, lá estava Molly Walsh, a executiva de relações públicas da Philip Morris.

Mas, alguns meses depois, começou a correr muito dinheiro. Por intermédio da agência Leo Burnett, a Philip Morris gastou aproximadamente 1 milhão de dólares para encenar e filmar a "História de Molly", uma recriação da operação aérea filmada na República Tcheca, com uma atriz representando Molly e 350 figurantes vestidos de kosovares desesperados. A seguir, a empresa gastou uma quantidade não revelada de *dezenas de milhões de dólares* para divulgar o relato épico de sessenta segundos da generosidade empresarial.

Porque o pessoal da Philip Morris é solidário.

Aquele bando de chacais fedorentos e metidos a besta.

Essa horrenda ostentação de valores distorcidos foi o mais perverso insulto ao humanitarismo autêntico que já se viu na história da propaganda norte-americana. Então veio o 11 de setembro.

Desculpem uma vez mais eu tornar a me citar, mas quero chamar a atenção para a minha primeira coluna após os ataques terroristas. Tendo alertado a Madison Avenue para o humor inócuo que, de repente, podia parecer de mau gosto, recordei os excessos notórios da Makita e da Philip Morris, propondo o seguinte: "A propaganda deve resistir à tentação paralela a prender uma fita preta na manga. O *slogan* mais insensível, à beira da indecência, não é pior do que um anúncio que se envolva no manto do fervor patriótico ou da ostentação de pesar. Não é hora de sentimentalismo [...] Luto nacional não tem nada a ver com promoção de marca, e não deve ter mesmo. Além de ser um ato desprezível, explorar o sofrimento de uma nação para chamar a atenção para o seu eu empresarial vulgariza a própria tragédia humana que se procura explorar."

Foi pregar no deserto. Em poucos dias, já havia milhares de anunciantes grandes e pequenos mercadejando na feira livre da raiva e da dor. A maior parte das mensagens era séria. Muitas, comoventes. Outras, destrambelhadas e desconcertantes, ainda que bem intencionadas. No mundo todo, inclusive no mundo empresarial, as pessoas ficaram abaladas com a enormidade do horror, às voltas com o duplo sentimento de impotência e determinação. Dizer alguma coisa era o mais próximo de fazer alguma coisa a que se podia chegar, de modo que, como a maioria de nós, elas estavam com as emoções à flor da pele.

O discurso excessivo não é necessariamente conseqüência da estreiteza de espírito nem do chauvinismo nem da hipocrisia. Às vezes a abundância de sentimentos simplesmente desborda, ou melhor, transcende os limites da linguagem. É difícil articular o amor à pátria sem parecer simplista ou banal. Qualquer amor, aliás.

Não deixa de ser legítimo perguntar se a afirmação do óbvio acrescenta alguma coisa à discussão. O jornal satírico *Onion* decerto explorou essa linha de análise com uma matéria hilariantemente intitulada "A Dinty Moore Rompe o seu Longo Silêncio sobre o Terrorismo". Mas, se nessas ocasiões os indivíduos se consolam agarrando a mão do coletivo, nada impede as empresas de fazer a mesma coisa. Em tais momentos de união nacional, a hipocrisia típica com que elas tratam as suas "comunidades" de clientes, fornecedores e até de concorrentes transforma-se em verdade.

Claro que eu achei graça na placa na fachada de uma loja de iscas em Rehoboth Beach, Delaware ("Deus Abençoe os Estados Unidos. Tainha fresca.") e claro que torci o nariz para a decisão da Cox Cable de manifestar 24 horas por dia o seu sentimento empresarial no Canal 2. Mesmo quando os oportunistas e aproveitadores medíocres saíram da toca, eu fiquei sem saber se era para rir ou chorar: ofertas veiculadas por *spam* desses enfeites indispensáveis como "Ornamentos de Natal de Latão de Alta Qualidade em Tom de Ouro 24 Quilates" da Executive Industries de Las Vegas ("Aproveite os Feriados & Mostre o Seu Apoio ao Nosso Grande País!") e a oportunidade de matrícula com desconto na rede de academias de ginástica New York Sports Club com o *slogan* "Mantenha os Estados Unidos Fortes".

Mas então veio a General Motors.

"No dia 11 de setembro", dizia um anúncio da McCann-Erickson, Troy, Michigan, "o mundo que nós conhecíamos parou. Nós ficamos grudados no televisor, vendo se desenrolarem fatos que nos chocaram até o âmago. E, súbito, as coisinhas triviais que antes nos dividiam tornaram-se totalmente insignificantes. Agora é hora de seguir adiante".

O comercial prosseguia anunciando – porque o que é bom para a GM é bom para os Estados Unidos – financiamento sem juros para todos os carros e caminhões novos da GM. Na ocasião, fosse como fosse, a empresa recorreria a algum tipo de desconto ou incentivo ao consumidor, como costuma fazer quando cai a venda de automóveis. Mas não perdeu a oportunidade de apresentar a concessão não como pânico empresarial, e sim como o cumprimento solene de um dever patriótico. E, evidentemente, o nosso dever patriótico era o de comprar um Impala. "Esta pode ser a mais grave crise que a nossa nação já enfrentou. Neste momento de terrível adversidade, vamos ficar unidos. E manter o país rodando."

Sim, o fabuloso Saldão de Outono dos Três Mil Mortos.

A Ford Motor Co., por intermédio da J. Walter Thompson, Detroit, se saiu com "A Ford Transporta os Estados Unidos", mandando-nos aplaudir a sua generosidade e a sua abnegação. "Neste momento de provação, nós da Ford queremos fazer a nossa parte para ajudar os Estados Unidos a avançar."

Repulsivo. Simplesmente repulsivo. Muito embora seja verdade que os nossos líderes políticos nos estimularam a nos refugiarmos na economia, perverter essa mensagem, transformando-a numa promoção de vendas, foi uma exploração cínica das vítimas do terrorismo e um insulto imperdoável aos seus entes queridos. Independentemente do que os fabricantes de automóveis alegavam em termos de preservar os empregos e manter a economia em movimento (efeitos que se mostrariam claramente transitórios, com a devida e adiada queda das vendas de veículos no primeiro trimestre), invocar o interesse nacional foi um pretexto, uma tramóia evidente para converter as emoções da nação em vendas de fim de ano. Além disso, foi sumamente desnecessário. Podiam simplesmente ter anunciado o financiamento sem juros e pronto. Basta oferecer para que todo mundo venha. Mas, não: por que ser apenas atraente se você pode manipular as emoções de uma sociedade traumatizada e bancar o herói corporativo? O que a mera decência humana tem a ver com isso? Você é a General Motors. Você é a Ford. O campo santo do 11 de setembro está à sua disposição para que você o pisoteie, desfralde a bandeira, profane as vítimas, com o único objetivo de desovar a mercadoria. Os terroristas atacam. Você conquista. Meu Deus, será que um dia alguém vai calcular o resultado disso?

VOCÊ GANHA, EU GANHO E TODO MUNDO SAI PERDENDO

Para concluir: o marketing de causa social.

Os marqueteiros o adoram. As instituições de caridade o adoram. Eu o detesto.

É uma coisa que sempre senti, mas também com que sempre me bati, pois não sou burro a ponto de não enxergar o evidente charme da abordagem em que "todos saem ganhando". Se a empresa pode aumentar as vendas destinando à caridade uma parte dos lucros, e se a caridade se beneficia de doações vultosas que do contrário não receberia, que mal há nisso? Pode parecer um modo sensato de analisar a questão. Mas acontece que eu fiquei conhecendo Jared.

Jared, radiante no filme de trinta segundos da D'Arcy Masius Benton & Bowles, Chicago, é um garotinho lindo, cujas orelhas de abano e o sorriso dentuço ficam ainda maiores com o seu cabelo apenas voltando a crescer. No momento, ele esbanja energia, está cheio de vida, nadando e brincando numa piscina da Flórida. E, oficialmente, também é um doente terminal.

"Eu fui ver os golfinhos no Sea World", diz como qualquer menino de dez anos, contando como foram as suas férias de verão. "Fiz um monte de amizades, ia nadar todo dia. Eu nado muito bem."

Deus abençoe Jared e a sua coragem diante da mortalidade. Deus abençoe a sua família. E Deus abençoe o Give Kids the World, o programa caritativo que lhes oferece uma semana grátis em Orlando. Deus os abençoe, e o céu que nos proteja a todos, pois ao ouvir o locutor, nós percebemos que não se trata de um mero dramalhão publicitário. É nada menos que o elemento principal da grande promoção de fraldas de verão da Procter & Gamble.

"Toda vez que você compra Pampers em julho", diz a voz, "uma parte do seu dinheiro é doada ao Give Kids the World, uma instituição beneficente que proporciona a meninos como Jared e à sua família uma semana em seu balneário próximo de Orlando, porque, sem dúvida alguma, rir é o melhor remédio."

Então voltamos a ver Jared, e o que resta fazer senão engolir em seco?

Não que a causa careça de mérito; o Give Kids the World não só faz um trabalho heróico como é uma das raras instituições de caridade que gastam apenas 5% do orçamento em despesas administrativas, destinando até o último centavo restante à missão. Noventa por cento da sua renda depende de doações empresariais.

E também não é que falte compaixão ao anunciante. A P&G e seus empregados dedicam generosamente tempo, recursos e mais de 1 milhão de dólares a essa e a outras obras caritativas. A questão não é se o coração empresarial da P&G está no lugar certo. A questão é se esse comercial e essa promoção não são escandalosamente manipuladores e ignominiosos.

E a resposta é: claro que são, porque esse anúncio explora a tragédia de Jared e da sua família. Porque o seu batos inerente explora as emoções dos espectadores. Porque usar imagens de uma criança à beira da morte, a fim de aumentar a venda de fraldas descartáveis, é indizivelmente perverso, sejam quais forem os benefícios.

O resultado – e é por isso que eu já não me debato com a questão – é que o marketing de causa social nada tem a ver com filantropia; trata-se de um termo de licenciamento, de um *merchandising* promocional de televisão. Só que, em vez de *Shrek* ou *Star Wars*, o *merchandising* são as florestas tropicais, a fome e as crianças moribundas. E isso não está certo. Está errado.

Na época em que a promoção de Jared foi ao ar, eu conversei com a diretora do Give Kids the World, a qual garantiu que se eu visitasse Orlando e visse a alegria que o seu programa dá, entenderia por que o marketing de causa era tão maravilhoso. Claro que sim, respondi. Mas primeiro perguntei se ela mandaria Jared vender fraldas de porta em porta para pedir contribuições. Ela disse, "Claro que não. Seria degradante e inadmissível".

Sim, e no verão de 1999 foi televisionado.

CAPÍTULO **9**

A BÊNÇÃO, GARFIELD,
QUE EU FIZ UMA BURRADA FEDERAL

O colégio das minhas filhas tem um ramo muito ativo do DECA*, que é uma espécie de Junior Achievement de marketing, propaganda e relações públicas. Naturalmente, quando os patrocinadores adultos notaram a presença de um profeta entre eles, pediram-me apoio – especificamente, ajuda para avaliar os grandes projetos anuais dos grupos de alunas. E eu, um cidadão consciente que compra produtos locais e separa os recicláveis, naturalmente me prontifiquei a colaborar.

Fui incumbido de ler e avaliar a documentação de trinta páginas do projeto semestral das meninas visando desestimular o tabagismo na adolescência, assim como assistir à exposição que fariam na conferência internacional do DECA. Cumpri a missão. Depois apresentei uma avaliação sincera.

Agora talvez você esteja pensando, Não. Não, não. Ele não devia fazer com as estudantes o que faz com os adultos. Não podia fazer *uma coisa dessas*.

Pois fique sabendo que você está redondamente enganado. Eu eviscerei as garotinhas, cujos relatórios escritos – ainda que inegavelmente impressionantes – estavam eivados de erros de ortografia e gramática, cheios de frases prolixas, grandiloqüentes, e de dados de análise duvido-

---

* DECA (Distributive Education Clubs of America): uma associação internacional de estudantes e professores de marketing e administração que procura instruir os seus membros, preparando-os para uma futura carreira na área. (N. T.)

sos. Imaginei os outros adultos dizendo com muita indulgência, "Ei, meninas, que trabalhinho mais supimpa!" e, então, elas entravam na competição e acabavam sendo supimpamente derrotadas*. Assim, no tom mais estimulante de que fui capaz, e com as devidas congratulações iniciais pela sofisticação do projeto e a imensidade do esforço envidado, eu lhes abri a barriga e extraí o seu pequenino baço adolescente.

Construtivamente, é claro.

Terminada a sangria, duas das três mais jovens me dirigiram expressões padronizadas de gratidão (embora, para dizer a verdade, ambas parecessem positivamente abaladas). A terceira, que não estava nada desconcertada, fitou-me alegremente nos olhos e disse, "Quero fazer uma pergunta".

"Claro, meu bem, mande bala."

"O senhor já trabalhou em propaganda ou só escreve sobre o assunto?"

Tecnicamente, era uma pergunta, de modo que não me restava senão responder: "Nunca na vida eu trabalhei em propaganda."

"Eu já imaginava", disse a menina. E abriu um sorriso sardônico, pois, para ela, o caso estava encerrado. Eu não passava de um sapo de fora, de um crítico resmungão, portanto, não podia ter a pretensão de aconselhar os tão laboriosos participantes do DECA e muito menos os publicitários profissionais.

Basta dizer que essa mocinha está longe de ser a única a pensar assim. Isso é o que me dizem o tempo todo no mundo inteiro. A esta altura, você, caro leitor, tendo sido beneficiado com a santa bênção das minhas palavras, entende perfeitamente como essa pergunta é boba. Bela Karolyi nunca se arriscou nas barras paralelas assimétricas. Pauline Kael nunca dirigiu um filme. A dra. Joyce Brothers nunca foi pugilista profissional, mas conseguiu responder a pergunta de 64 mil dólares sobre o assunto. O fato de ter ou não ter trabalhado em propaganda não é relevante para eu entendê-la. Tá?

No entanto, só por segurança – e para satisfazer a todos os membros cépticos do DECA –, achei que o mínimo que eu podia fazer era consul-

---

* Um mês depois, o DECA da Robinson High School recebeu a maior homenagem internacional em Salt Lake City, Utah, com o seu projeto antitabaco.

tar gente do ramo e ver se, por acaso, a sua experiência no mundo real correspondia a alguma coisa que eu disse nas últimas duzentas páginas. Mas não podia ser gente qualquer. Precisavam ser grandes nomes. Aliás, não só grandes nomes como líderes da categoria, sujeitos cuja cara um dia vai estar esculpida no monte Rushmore da propaganda. E tinham de estar dispostos a me contar a maior besteira que já fizeram no trabalho.

Isso mesmo, a maior besteira. Os seus triunfos nós já conhecemos. Afável e humildemente, três desses titãs concordaram em fazer isso. Assim, sem mais perda de tempo, vamos às confissões de alguns publicitários:

JEFF GOODBY, SOBRE A GANÂNCIA, O AUTO-ENGANO E A ROUPA NOVA DO CLIENTE

Sócio fundador da Goodby, Silverstein & Partners, San Francisco, Jeff Goodby saiu da Hal Riney & Partners, em 1983, para criar uma das mais badaladas agências da época. Antes disso, trabalhou na Ogilvy & Mather e na J. Walter Thompson. Antes disso, foi jornalista e, antes disso, estudou na Harvard, certo? Na qualidade de redator, diretor e criativo executivo, acumulou praticamente todos os prêmios de propaganda disponíveis, inclusive o Grand Prix *de Cannes. Entre as suas campanhas mais famosas figuram a da Nike, a da Pacific Bell, a do time de beisebol Oakland Athletics, a da Isuzu, a da E*Trade e a da California Milk Processors Board ("Tomou leite?"). Os sócios venderam a agência para a Omnicom em 1991, mas, enquanto escrevo, embora podres de ricos e cercados de adulação, eles continuam sendo os donos da bola. Goodby falou numa encomenda que a sua agência recebeu da Nike, em 1998, para uma linha especial de roupas e acessórios esportivos chamada "The Alpha Project".*

Goodby: O Alpha Project. Pois é, a coisa que o torna realmente interessante é que ele aconteceu num momento em que a Nike tinha perdido totalmente a confiança em si. E é claro que a Nike dependia muito da confiança, entende? De modo que, perdê-la e sair por aí com essa história de Alpha Project, nós achamos, era mais ou menos reconhecer, implicitamente, que ela estava numa enrascada.

A Nike era uma marca cuja notoriedade dependia de nunca ter um arranhão, nunca se meter em encrenca e sempre ser incrivelmente *cool*

176 OS 10 MANDAMENTOS DA PROPAGANDA

debaixo de chumbo grosso e na frente de todo mundo, e nunca admitir que tinha de se esforçar muito para chamar a atenção de quem quer que fosse, porque simplesmente era *cool* demais para isso. E eis que eles resolveram como que inventar, explicitamente, uma marca para salvar a sua marca. Era uma espécie de *Black Label* da Nike, ou coisa que o valha, e nós achamos que isso equivalia a abrir mão da marca principal. Talvez não fosse má idéia criar um *Black Label*, mas, até certo ponto, ele ia desvalorizar todo o resto da idéia deles. Creio que foi por isso que nós nos opusemos ao projeto enquanto foi possível.

Mas, enfim – e esse provavelmente foi um castigo exemplar –, quando isso começa a acontecer, todo mundo acaba perdendo a perspectiva, não sobra mais ninguém conectado com a verdade ou com o mundo real ou com um mínimo de bom senso. E, de repente, coisas que qualquer escolar acha um despropósito são discutidas seriamente por gente de marketing muito capaz, prestes a gastar milhões de dólares. Pois foi o que começou a acontecer.

Uma vez iniciado o capítulo absurdo para qualquer escolar, nós ficamos totalmente envolvidos. No olho do furacão do despropósito.

Ou seja, o mais interessante foi dizermos para eles, "Ok, tudo bem, faz de conta que é uma boa idéia ter esse *Black Label* especial da supermarca, da *über*marca Nike. Quais são os produtos que vão nos deixar impressionados?" Essa é uma piada corrente na nossa empresa: eles disseram, "Bom, nós temos um relógio".

A gente topou, "Ok, um bonito reloginho digital, certo? Quer dizer, é um relógio de atletismo? Legal, o que mais vocês têm?"

"Por enquanto é só."

"Bom, neste caso precisam arranjar alguma outra coisa. Uns tênis, quem sabe, mas, olhem, têm de ser produtos fantásticos."

E eles disseram, "Bem, nós não temos nada tão fantástico assim. A nossa esperança é, digamos, prometer produtos fantásticos para que eles venham atrás."

Então nos mostraram os desenhos do logotipo da coisa, e Silverstein quase infartou, porque eram complicadíssimos e dificílimos de trabalhar, e nós os pusemos em cima do logotipo regular da Nike. E Silverstein ficou mais doente ainda. Foi assim que a gente começou a fazer a propaganda para aquele negócio, e acho que fez... puxa, devem ter sido seis ou oito rodadas das mais diferentes campanhas. De novo, de novo e de novo, para lá e para cá.

Acho que o verdadeiro motivo pelo qual a gente não os engoliu foi que não prestavam. Uma combinação de duas coisas: primeiro, a falta de um produto capaz de fazer você dizer "Uau, isso é especial mesmo, vai funcionar". E a outra, acho eu, é que aquilo significava repudiar implicitamente a marca principal. O que estava por trás de tudo era esse constrangimento com a marca principal. E ninguém compra um comercial que parece repudiar implicitamente a sua marca principal, especialmente depois de ter trabalhado naquele lugar que é extremamente consciente da lealdade do empregado. Você sabe, é o tipo do lugar muito "beba Kool-Aid"*. Não combinava com eles. Estava na cara. Acho que foi por isso que levou tantas rodadas de propaganda até que, enfim, acho, nós criamos anúncios que não diziam absolutamente nada. Acabamos fazendo coisas como comerciais sobre um "menino cabrito" que não tinha significado quase nenhum, a não ser pelo fato de o calçado que estávamos anunciando parecer um pouco... ter uma espécie de casco dividido. Houve outro, no qual o astro da NBA Gary Payton entrava numa casa de penhor e comprava outra cabeça ou algo assim.

Eu: Com todo tipo de efeitos especiais grotescos que incluíam, se não me engano, uma espécie de decapitação.

Goodby: É, e em propagandas impressas que incluíam criações espetaculares de Photoshop, sabe, como gente jogando tênis com roupa à prova de fogo e coisas do gênero. Mas o produto em si não valia nada. Era como uma camisa que devia lhe permitir ficar mais refrescado ao jogar tênis – coisa que eles já fazem. Há anos que fazem propaganda de produtos assim. De modo que não havia nenhuma novidade no produto, e não havia nada que valesse tanto estardalhaço, no entanto, nós fomos atrás de Michael Bay, sabe, o diretor de *Pearl Harbor* e, o que vinha muito a calhar, de *Armagedom*. Você entende, era o cara mais indicado – sabe, filmes em que forças do além atacam a gente. Aquilo tudo foi um fracasso enorme, financeiramente e, por certo, em termos de marketing. Acho

---

* *Kool-Aid*, marca de um refrigerante em pó solúvel em água, cujo mascote é uma jarra gigante e sorridente, otimista, que diz: "Oh, yes!"(N. T.)

178 OS 10 MANDAMENTOS DA PROPAGANDA

que saiu do ar logo que entrou. Mas os produtos, ninguém ia comprar aqueles produtos por aquele preço, de jeito nenhum. E eu acho que eles conseguiram se safar fazendo com que aquilo sumisse o mais depressa possível. E, como eu digo, se sobrou alguma coisa do Alpha, com certeza não é mais apresentado como a marca *Black Label* deles. Pelo que me consta, a maioria dos produtos Alpha acabaram voltando a ser produtos Nike regulares, vendidos no E-Bay. Como "o verdadeiro calçado Alpha original".

Eu: Ok, correndo o risco de parecer impertinente, e longe de mim a intenção de acusá-lo de ter empurrado o ponto crítico com a barriga, mas o seu cliente chega com uma encomenda à qual você se opõe filosoficamente e com base no puro bom senso...

Goodby: Por que nós não dissemos, "Não, de jeito nenhum. Isso a gente não faz". É o que você está querendo perguntar?

Eu: É.

Goodby: Bom, eu acho que isso teria tido maiores implicações. Penso que, em primeiro lugar, sim, até certo ponto, nós fomos mercenários e tentamos conservar a integridade da conta, permitindo que se cometesse um erro naquilo que julgávamos um setor de somenos importância. Mas ele começou a crescer, entende, feito um câncer. Acho que, quando aconteceu, como eu disse, nós todos perdemos a perspectiva da coisa. Creio que começamos a convencer a nós mesmos de que o comercial não era tão ruim assim e de que não fazia mal que os produtos não chegassem a ser uma grande inovação. Sim, acho que havia certa dose de compromisso, com o qual começamos o processo, mas acabamos como que perdidos nas maquinações do processo, infelizmente.

Eu: Quer dizer que, com base na sua primeira resposta, foi como assinalar as alternativas que eles mandassem quando vocês não sabiam a questão de múltipla escolha?

Goodby: É, exatamente. Foi exatamente assim – com a diferença de que era um mundo em que você simplesmente perdeu a pista daquilo que tinha sido a sua primeira resposta. A gente a havia apagado tantas vezes que já não sabia dizer qual era a resposta inicial.

Eu: E vocês acabaram perdendo o negócio.

Goodby: Eu acho que, tanto quanto o resto, o Alpha Project foi a coisa que matou a relação, porque... depois que tudo aconteceu, muita gente saiu de lá, e imagino que o motivo tenha sido esse mesmo. E então entrou o pessoal de marketing que não tinha nada a ver com o Alpha e fez o que o pessoal de marketing geralmente faz, ou seja, dizer "Ai, meu Deus, como eles foram capazes de fazer isso? Vamos achar quem fez isso e nos livrar deles". E eu acredito que nós fomos incluídos nesse expurgo porque eles ficaram horrorizados com todo o mecanismo do Alpha e com o modo como aconteceu. Não que tenham se levantado e dito, "Esse trabalho é uma droga. Estão demitidos". Mas eu creio que isso os fez perder confiança no pessoal de marketing de lá e, portanto, em nós, e assim por diante. E fez com que realmente sentissem que tinham de fazer essa limpeza do tipo voltar ao sistema de uma só agência, etc.

De modo que a coisa teve mais implicações do que o fim desse projeto específico. Quer dizer, nós havíamos feito uma propaganda maravilhosa para eles, com um grande sucesso, principalmente na equipe de futebol feminino da Copa do Mundo. Foi um sucesso incrível. E aquela cena do *skate* que ganhou o *Grand Prix* de Cannes, e uma campanha de basquete feminino em que nós inventamos aquele time em Tennessee e o levamos a uma espécie de campeonato imaginário – tudo isso. E uma excelente campanha impressa, como que levando as adolescentes a tratarem com mais cinismo a maneira como as revistas as apresentavam, e toda a idéia de beleza, e o olho público. Acho que nós fizemos muitos trabalhos realmente magníficos para eles. Não quero ser infame, mas essa coisa foi um desastre tão grande que acabou apertando o botão *reset* naquela merda toda.

Eu: Bom, muito obrigado. Agora eu vou fazer uma oferta única, que você tem de pegar ou largar instantaneamente, porque depois ela fica cancelada.

Goodby: Ok.

Eu: Um lugar do tipo "beba o Kool-Aid"?

Goodby: Eu estou fora.

DAN WIEDEN, SOBRE TENTAR REINVENTAR A RODA

Em 1982, Dan Wieden confundiu a Wieden & Kennedy com um oásis para quem acreditava que o produto criativo vinha antes de qualquer outra coisa. Claro, a maioria das agências se fundamenta numa visão mais ou menos pa-

180 OS 10 MANDAMENTOS DA PROPAGANDA

recida, e, em cinco minutos, a declaração de missão vai para a cucuia por conta de um novo negócio com a Appleby ou uma congênere. Assombrosamente, a Wieden & Kennedy se conservou fiel à sua visão fundadora. Claro que já fez alguns trabalhos péssimos (ocorre-me a Diet Coke), mas, predominantemente, o seu desempenho tem tido uma virtuosidade rara: sacrifica o crescimento e o lucro em prol da qualidade e da independência. Entre os resultados, há campanhas brilhantes para a cerveja Miller High Life, o ESPN SportsCenter e, acima de tudo, a Nike. É bem provável que a "Just Do It" seja a campanha mais bem-sucedida e historicamente significativa desde a introdução do caubói do Marlboro, uma rara propaganda que não só promove o benefício de marca como é parte integrante dele.

Em compensação, em 1991, houve a conta Subaru...

Eu: Ok, qual foi o erro, quando e como vocês o cometeram?

Wieden: Acho que a coisa começa com o eterno otimismo da agência jovem em busca de uma conta de automóvel, que é uma grande oportunidade, com muito dinheiro e muitos dólares de propaganda, de modo que o seu trabalho acaba sendo visto. Uma boa chance de crescer. E crescer, nós crescemos. Duvido que tenhamos percebido até que ponto aquilo era dar um passo maior que a perna. Creio que o que nós não avaliamos, e acho que o cliente também não avaliou realmente, foi a profundidade das questões que estávamos enfrentando como empresa e a nossa total falta de experiência. Ninguém viu que eles precisavam era de uma agência muito mais tradicional, com muito mais experiência em carros, para tirá-los do buraco em que estavam. Nos três anos que durou o negócio, a Subaru teve três presidentes, sabe? Quer dizer, eles estavam com muitos problemas.

Eu: Que levaram a decisões erradas na propaganda.

Wieden: Eu acho muito provável que o nosso ataque inicial tenha sido inadequado: "Este carro é para quem basicamente não dá a mínima para carros". Uma coisa que o leva do ponto A ao ponto B e é extremamente confiável, mas não tem nenhum brilho, nenhum *glamour*, nada. Não é um símbolo de *status*; é para gente prática. Na verdade, tratava-se do tipo de gente que comprava o Subaru. O posicionamento básico do automóvel para com o seu público existente não era instigante a ponto de acrescentar novos clientes à franquia Subaru, não mesmo.

Eu: Se bem que, alguns anos depois, essa estratégia – de cultivar usuários conhecidos – tenha dado certo para a Volkswagen.
Wieden: É...
Eu: O que mais?
Wieden: Bem, aquele foi o nosso primeiro escritório fora de Portland – creio que tínhamos um em Amsterdã, que ia muito bem independentemente –, mas a minha impressão é a de que não havia contato suficiente entre Portland, principalmente comigo, e o escritório de Philly, perto da sede do cliente, no sul de Jersey. Eu imaginei que a coisa ia deslanchar por si só, mas acontece que eles precisavam muito de apoio e não o receberam. O meu irmão até que me avisou quando nós pegamos o contrato. Ken trabalhou para a Saturn na Hal Riney & Partners. Era o diretor de criação da Saturn e, quando soube que nós íamos ficar com a Subaru, disse, "Vou lhe contar uma coisa: você não tem um cliente, tem 750 clientes que se chamam vendedores". E eu acho que a gente não estava preparada para o caráter descentralizado de uma conta de carro, principalmente de uma fábrica que trocava de presidente com a freqüência da Subaru.

Na reunião da National Automobile Dealers Association (Associação nacional de vendedores de automóveis), eles só faltaram fazer um boneco de vodu para mim e nele espetar alfinetes da cabeça aos pés. Tão ruim andava a coisa. Sim, as lições que aprendemos foram importantíssimas. Quando a relação começou a balançar, acho que o trabalho não melhorou; piorou. Era como se a gente não soubesse a quem agradar e ficasse tentando agradar a todos ou então dizendo "Eles que se danem; a gente só vai fazer aquilo de que gostar", e não deu certo, nem uma coisa, nem outra.
Eu: Eu queria que você falasse num dos últimos comerciais da campanha, aquele com um carinha muito chato, muito magro, que falava em *rock-'n'-roll* empresarial...
Wieden: Puxa, eu não me lembro...
Eu: Era um ator magrinho, da "geração X", falando em Moses Malone, creio, e em quebrar as tabelas, em *rock punk versus* música "empresarial", dizendo que, por isso, o Subaru era o carango certo para você. Não lembra?
Wieden: Não... Está vendo? Qualquer homem que se preze dá um jeito de bloquear as recordações dolorosas.

Eu: Foi aí que me deu vontade de entrar na tela da televisão, sabe, e ir pé ante pé pelos elétrons, como se fossem as pedras de um rio, para estrangular vocês.

Wieden: Bom, você não era o único. É assim que a gente se mete nessas encrencas, quando imagina que, se mostrar ao cliente a sua própria cara, ele vai aderir imediatamente, numa espécie de marca inspirada. Acontece que foi horrível.

Eu: Como ficou a sua vida na época?

Wieden: Ah, era pura ansiedade. Quer dizer, a Subaru representava tanto para a nossa agência, e nós estávamos com o escritório cheio de gente dedicada a ela, basicamente só a ela. Portanto, perder aquela conta era como amputar um braço ou uma perna, de modo que nós lutamos para conservá-la, fizemos o possível para conservá-la, muito embora ela estivesse dilacerando a empresa.

Eu: Houve algum erro só de vocês? Lembra algum momento que parece ter sido quando você abriu a porta errada? Se tivesse tomado outra decisão, ouvido a voz da razão, ouvido o seu irmão...

Wieden: Não, acho que não. Foi mais como cair na areia movediça, entende? Você pensa, "Ora, não é tão grave assim. Basta eu chegar até ali, e tudo está resolvido." Só que a própria luta para chegar até ali faz com que você afunde mais, sabe? Não acho que tenha sido como esbarrar numa cerca eletrificada. Foi muito mais sutil e insidioso. E eu acredito que isso vale para a maioria das contas problemáticas. Você as pega, e elas sempre começam com muito entusiasmo, tudo vai ser uma maravilha, e então você começa a ver sinais do tipo "Puxa vida, é bem mais difícil do que a gente imaginava". E isso, geralmente, é uma indicação de que você e o cliente moram em universos diferentes e nunca vão se encontrar.

Eu não quero disparar insultos e acusações contra a Subaru, porque o que importa mesmo é entender onde foi que nós erramos e reconhecer que eles conseguiram, claramente, corrigir a rota e vender muitos carros. Acredito que uma das outras coisas principais que nós fizemos foi nunca lhes ter dito que eles deviam se concentrar naquela droga de carrinho e tratar de financiá-lo. Havia uma quantidade enorme de vendedores que achavam um absurdo rodar sobre quatro rodas no Sul; lá não há problema de neve e gelo. Portanto a gente estava com um problema político que parecia impossível de resolver. E, em vez de falar com muita franqueza no que eles precisavam fazer e verificar se estavam dispostos ou não, nós preferimos bancar os educadinhos e nos acomodar.

Eu: Tudo bem, agora você dá conselhos, transmite todo o seu conhecimento ao seu filho e ao seu filho simbólico. Põe o braço no ombro do garoto e diz, "Meu filho..."

Wieden: Bom, se é para entrar em outra categoria, a melhor idéia não é escolher os mortos e feridos. Provavelmente, você tem muito mais chance de acertar se tiver uma empresa com um bom produto e com tendência a subir do que se não tiver. E, em todo caso, precisa fazer uma combinação de gente verdadeiramente experiente e concentrá-la nesse negócio, assim como alguns novatos no ramo. Acho que a combinação é muito importante. Se puser só gente experiente no negócio, você vai continuar fazendo os mesmos apelos que são feitos há séculos, e eles não são necessariamente os mais interessantes. E, se usar só gente nova, comete exatamente o erro que nós cometemos.

Eu: Quando foi que vocês chegaram ao fundo do poço? Quando ficaram com vontade de se encolher e chorar?

Wieden: Bom, acho que o fundo do poço foi quando a coisa acabou e nós tivemos de cumprir o contrato com eles, ou seja, fomos obrigados a continuar vários meses trabalhando para a empresa. Quer dizer, tivemos de manter o escritório aberto e deixar as pessoas irem saindo aos poucos, o que foi incrivelmente penoso. Um dia eu cheguei, e acho que a metade do escritório ainda estava lá, e uma das mulheres que nós tínhamos mandado embora apareceu com o filho no colo; acabava de sair da licença-maternidade. E estava mostrando o bebê para as colegas, e quando eu entrei e me aproximei, o bebê vomitou, e a mulher virou e disse, "Isso é para você, Dan."

Eu: O que você respondeu?

Wieden: Eu não respondi. Não disse nada.

PHIL DUSENBERRY: SOBRE SE OFUSCAR COM O PRÓPRIO BRILHO

Phil Dusenberry se aposentou na metade de 2002, após um breve período de quarenta anos trabalhando na BBDO. O seu cargo, ao se aposentar, era diretor, BBDO, América do Norte. Mas, no seu cartão de visita, podia estar escrito simplesmente, "Phil Dusenberry, homem a cuja imagem e semelhança

184 OS 10 MANDAMENTOS DA PROPAGANDA

se desenvolveu uma gigantesca agência mundial". O cliente pode ser a Visa ou a FedEx, a Snickers ou a Campbell Soup, mas há uma feição característica da BBDO, e foi Phil Dusenberry que a criou. As expressões mais típicas da sua obra são duradouras campanhas para a General Electric e a Pepsi-Cola, porém a mesma combinação de habilidade de produção e emoção crua ficaram evidentes também em seu trabalho para a Equipe de Quinta-feira ad hoc de Ronald Reagan, que convidou o eleitorado a esquecer as reservas econômicas do primeiro mandato do presidente e se deleitar com a renovação do "Manhã nos Estados Unidos". Dusenberry também escreveu o roteiro do famoso Um homem fora de série, baseado no romance de Bernard Malamud, sobre um jogador de beisebol que sofre um acidente e fica aleijado. No livro, diante de uma derradeira oportunidade de redenção, o astro moribundo fracassa. No filme, Robert Redford consegue executar uma corrida eletrizante, desencadeando muita emoção e muita pirotecnia na tela. Enfim, um grande sucesso que gerou um grande sucesso. Claro que sim. Durante quatro décadas, Dusenberry prendeu muitas e muitas vezes o raio numa garrafa e fotografou, extraordinariamente, o otimismo em filme.

Eu: Você teve uma carreira longa, variada e heróica, mas em algum ponto do caminho há de ter perpetrado alguma coisa que o faz tremer ou se arrepiar ou se encolher. O que foi?

Dusenberry: Com certeza, a que me dá mais arrepios do que qualquer outra é a campanha que nós fizemos para a Pepsi em 98. Intitulava-se GeneratioNext. Esse era o tema, a nova geração. E o que nós queríamos era tentar ser *supercool* para o público. Estávamos nos dirigindo a um público muito jovem. Mas, ao tentar fazer isso, acabamos ficando o contrário disso, muito pouco *"cool"*, porque tínhamos uma visão excessivamente bitolada dos adolescentes e estragamos tudo. Não atraímos um grande contingente de usuários e, aliás, perdemos uma tonelada de tomadores de Pepsi ao tentar ser exageradamente *cool*, exageradamente modernosos, exageradamente "por dentro" do mercado adolescente. O resultado foi sairmos com uma campanha que se estatelou no chão. Nós a mostramos para os engarrafadores do Havaí, e fomos recebidos com o mais profundo silêncio. E, embora no meio houvesse um filme que acertava na mosca (aliás, virou o filme número um no Super Bowl e no Ad Meter Poll, um comercial chamado "Ganso", em que um cara estava voando e um ganso se punha a voar ao lado dele, tomando uma Pepsi), o resto era, de fato, uma droga, e esse foi um dos piores momentos da minha carreira e na de todos os que trabalharam na campanha da Pepsi na época. Mostrou o que acontece quando a gente tenta ser um pouco "pra frente" demais, um pouco contemporâneo demais, um pouco inteligente demais para o público, quando na verdade está é se afastando dele.

Eu: E os outros filmes da campanha?

Dusenberry: Um dos outros filmes da campanha se intitulava "Mosquito". Era um inseto animado tomando Pepsi, sugando uma gota de Pepsi no balcão de um bar, que depois começava a dançar e cantar "Brown Sugar" dos Rolling Stones. Havia outro, do qual eu até gostei, mas que era totalmente... sabe, ninguém conseguia entender. Era um comercial chamado *"Piercing"*. Aliás, ficou pouco tempo no ar. Foi pessimamente recebido na convenção dos engarrafadores. Era um cara, um rapazinho, num concerto ao ar livre, tomando Pepsi, e o refrigerante vazava pelos buraquinhos dos *piercings* que ele tinha no rosto todo. Em outras palavras, o garoto bebia, mas a Pepsi jorrava pelos buracos dos *piercings*. O pessoal detestou. E, sabe de uma coisa, nós estávamos convencidos de que as crianças iam adorar, iam achar o filme um barato, mas foi um grande erro.

Eu: Quer dizer que você mostrou esses filmes aos engarrafadores, e eles ficaram mudos; obviamente não gostaram.

Dusenberry: Exatamente.

Eu: E você não escutou nenhuma voz, ou na sua cabeça ou, explicitamente, das pessoas que estavam acompanhando o processo e que dissesse, "Sabe, acho que a gente está no caminho errado."

Dusenberry: Bom, às vezes, quando um grupo de pessoas trabalha num projeto criativo, elas acabam se fundindo umas nas outras. Todo mundo começa a pensar do mesmo modo. E isso até que é bom, a não ser quando você acaba perdendo a objetividade, perdendo o foco. Todo mundo, inclusive os clientes, era membro dessa equipe, e nós achávamos que íamos ter muito sucesso com as crianças, com os adolescentes. Infelizmente, Roger Enrico, na época o diretor-executivo da Pepsi, só assistiu aos filmes naquela noite, durante a apresentação para os engarrafadores. E é claro que, depois, ele disse que, se tivesse visto o trabalho, não permitiria que fosse ao ar. Portanto, a resposta à sua pergunta, a resposta é "não", nós simplesmente seguimos em frente, cegamente, achando que estava tudo bem, e não apareceu ninguém para dizer, "Espere aí, esse negócio está errado". Isso acontece às vezes.

Eu: Bom, você vai se interessar pelo meu capítulo 8. Fala justamente no fenômeno que você descreve. Mas como foi participar daquele público? Quer dizer, você se retorceu na cadeira?

Dusenberry: Foi horrível. Eu estava de pé, no fundo, e o público era enorme. Milhares de pessoas. E deu para sentir a onda de decepção, deu para sentir o desencanto vibrando no ar, e eu percebi na mesma hora, ai, vai ser uma longa noite. E foi mesmo. No dia seguinte, Roger nos chamou ao seu quarto de hotel, em Kauai, e leu para nós uma eloqüente reprimenda e disse, "é melhor vocês recolherem esse material, porque é um desastre". Foi o que nós fizemos. Conseguimos voltar bem pouco tempo depois e uma das coisas que levamos para lá foi aquela menininha, sabe, a garotinha, Hallie...

Eu: Eisenberg.

Dusenberry: Exatamente. Claro que aí tudo mudou de figura. Mas, até lá, a gente sabia que ia ser um osso duro de roer, e que tinha de começar tudo de novo.

Eu: Como foram as onze horas de vôo de Honolulu a Nova York?

Dusenberry: Um horror. A pior viagem do mundo. Aliás, no meio do caminho, eu cheguei a passar literalmente mal e tive de sair do avião em San Francisco. Estava doente de verdade. Não sei se foi mera coincidência ou parte do resultado daquela convenção horrenda.

Eu: Existe aquele fenômeno, quando os garotos de quinze anos estão dando uma festa, e o pai de um deles aparece no pé da escada, de bermudão e tênis de cano alto desamarrado. Será que há pior vergonha no mundo do que um garoto de quinze anos ver o pai tentando ser tão jovem quanto ele? Foi esse o erro dos filmes?

Dusenberry: Não. Quer dizer, sim, eu entendo o que você quer dizer. O velho querendo bancar o jovem. Não foi bem isso, o problema foi os filmes serem exageradamente modernosos. E, aliás, e aí está o mais interessante: esses filmes foram bem no exterior; não nos Estados Unidos, mas na Europa, onde o público – os adolescentes de lá – é um pouco mais avançado em certos aspectos e mais receptivo para coisas um pouco mais irreverentes. Lá a campanha teve muito mais aceitação. Mas não se tratava de velhotes grisalhos querendo bancar os rapazinhos. Eu diria que o problema foi mirarmos um alvo móvel e errarmos a pontaria. E também foi enfocado de maneira muito estreita. Conseqüentemente, perdemos muito do espírito e do tom alegre, otimista e inclusivo daquela propaganda histórica da Pepsi. A melhor propaganda que nós sempre fizemos para a Pepsi foi uma propaganda dirigida às pessoas de pensamento jovem, mas sem nunca deixar de apelar para os mais velhos e fazê-los dizer, "Olhe, eu sei que isso não é para mim, mas, sabe de uma coisa, eu gosto de ver". E foi nisso que nós erramos. Ou seja, a campanha não atingiu absolutamente ninguém que tivesse passado da adolescência e, mesmo para esse público, também estava errada. O nosso melhor material sempre teve um apelo universal, muito embora visasse ao público mais jovem.

Eu: Então qual é o comercial da Pepsi que você considera o seu maior triunfo?

Dusenberry: Acho que a melhor coisa que nós fizemos para a Pepsi – não fui eu que fiz; na época, estava muito envolvido na função de diretor de criação – talvez tenha sido um comercial intitulado "Carro de som". Era um menininho, num furgãozinho, que montava um sistema de áudio que fazia com que as pessoas ouvissem, por um sistema de amplificação, o barulho de uma Pepsi sendo aberta na praia. Não sei se você se lembra desse filme.

Eu: Claro que me lembro. E muito.

Dusenberry: Pois é. E aquilo começava a dar sede em todo mundo. E o garoto finalmente abria a porta traseira do furgão, punha o chapéu da Pepsi na cabeça e dizia, "Tudo bem, quem é o primeiro?" E, a essa altura, ele estava cercado por milhares de pessoas. Era um filme simples, pois, como apelava para o apetite, para a sede, atraía a juventude; havia tantas coisas boas contribuindo que eu senti que aquele foi o melhor filme que nós fizemos, apesar de tudo. É um dos meus eternamente preferidos.

Eu: E o processo de criação desse filme foi diferente do da campanha que acabou resultando no desastre do Havaí?

Dusenberry: Na verdade, o processo não foi diferente, e as pessoas eram as mesmas, o que é uma coisa muito interessante: as mesmas pessoas trabalharam nos dois projetos. Quer dizer, Ted Sann escreveu o filme que eu acabo de mencionar e também trabalhou no fiasco de 1998. De modo que eu acho que isso mostra que a gente não consegue acertar sempre.

Eu: E mostra mais alguma coisa?

Dusenberry: Mostra que é sempre bom fazer uma verificação da realidade. Que às vezes você não pode – e eu acho que isso marcou uma mudança no nosso relacionamento com a Pepsi e no nosso relacionamento com nós mesmos – você não pode estar certo o tempo todo e, sabe, é bem possível que esteja errado, de modo que é melhor checar a realidade, é melhor dizer, "Ei, espere um pouco; tem certeza de que esta é a melhor coisa a fazer?" Nós passamos a agir assim com muito mais freqüência depois do que aconteceu. Não digo que estamos olhando para trás ou tentando levantar o moral, mas agora a verificação da realidade faz parte do nosso trabalho muito mais do que naquela época.

CAPÍTULO **10**

IDE, MEU FILHO,
FAZEI PROPAGANDA

Se Newton Minow tiver razão quanto à "vasta terra devastada" da televisão – puxa vida, e ele sempre teve –, o que se pode concluir acerca dos anúncios que, feito caveiras de gado descoradas pelo sol, se espalham há meio século no horizonte desolado?

Pense nos exemplos mais notórios. A inclemente petulância (de dar dor de cabeça) dos comerciais do Anacin da Ted Bates Agency. ("Melhor eu mesmo fazer!") O sexismo grotesco e sorridente do "Pilote-me!" da velha campanha da National Airlines, cujo *slogan* – na boca de aeromoças voluptuosas – tinha um vulgaríssimo duplo sentido. A cancerígena malandragem de Joe Camel. A vigarice engana-criancinhas da Hot Wheels. Horrendos refugos, todos eles.

Depois veio o racismo casual da Frito Bandito, a sordidez pega-trouxa da Psychic Friends Network e o "apertismo" de mercearia do Mr. Whipple. Nós não podemos esquecer como eles nos trataram – isto é, como idiotas e malucos. Nem podemos esquecer a história imunda dos descarados apelos à nossa vaidade, ao nosso materialismo, à nossa abjeção sexual e à nossa vã obsessão por *status* – para não falar nos incessantes cutucões nas nossas inseguranças neuróticas com pragas planetárias como o mau hálito, as manchas na roupa, as marcas de pegadas e a aderência estática.

E, já que o distúrbio de estresse pós-traumático é o que é, jamais conseguiremos nos livrar totalmente – nem com a ajuda de Deus – da lembrança de Madge.

190 OS 10 MANDAMENTOS DA PROPAGANDA

"Você está mergulhada nele!", bramia ela uns vinte anos atrás.

É, Madge, sua parasita cacarejante, vá para o inferno.

Vá para o inferno por ter sido a apoteose da irritação humana – unhas no quadro-negro a sessenta rotações por segundo – e vá para o inferno principalmente por ter razão. Nós não estamos apenas expostos à propaganda da televisão; estamos mergulhados nela. Basta levar em conta a duvidosa – ou pelo menos inqualificável – eficácia de toda a disciplina e do seu tirânico incitamento ao consumo desbragado para ver, facilmente, como este que a minha revista chamou de "Século da Propaganda" foi capaz de se degradar a uma lamentável ostentação de excesso capitalista, a um subproduto tóxico da Era da Informação.

"Você percebe", diz a revista anarquista canadense *Adbusters*, "que todo esse alarde encobre um pequeno e muito sórdido fato da nossa cultura consumista: ela prospera com a morte da natureza e transfere as conseqüências para as gerações futuras".

Para críticos como esses, deve-se entender a propaganda em termos ultramacroeconômicos: toda transação é julgada não pela sua contribuição ao produto interno bruto – e decerto não pelo valor de satisfação do consumidor individual –, e sim pelo custo final para o meio ambiente. Para eles, os comerciais de televisão são o equivalente moral do napalm – o que significa, suponho eu, que Tony, o tigre da Kellog's, é um inimigo do povo. Seja qual for o lado pelo qual você os veja, há a pesada condenação de uma indústria e de um estilo de vida. Também há o absurdo.

A propaganda pode ser muitas coisas. A materialização do mal não é uma delas. Desde o tempo dos homens cantantes da Texaco, os anúncios de televisão beneficiam a sociedade de diversos modos. Com efeito, não faltam motivos não só para tolerar o acúmulo da produção da Madison Avenue como também para preservá-lo. Vamos começar por um benefício não premeditado por nenhum dos envolvidos: para a antropologia. Não pode haver um arquivo da nossa época mais rico para os historiadores sociais e culturais do que a soma de meio século de propaganda.

"Esses humildes adjuntos da literatura podem ser mais valiosos para o futuro historiador do que os conteúdos editoriais", escreveu o ex-publicitário Elmo Calkins, citado por Martin Mayer em *Whatever Happened to Madison Avenue?* [O que aconteceu com a Madison Avenue?] "Neles é possível rastrear a nossa história sociológica, a ascensão e a queda das modas e modismos, dos interesses e gostos cambiantes por comida e roupa, das diversões e dos vícios, um panorama da vida tal como foi vivida, mais informativo do que velhos diários e ruínas de mausoléus."

Se a propaganda não fosse nada além disso, já seria valiosa como a pedra de Roseta da sociedade de consumo. Para acompanhar a evolução das mulheres na vida norte-americana, por exemplo, um antropólogo não encontraria fonte mais útil do que um compêndio ano a ano dos comerciais de sabão de lavar roupa e produtos alimentícios embalados. Estou pensando, digamos, no filme para a Whip 'n Chill, em que um marido mal-humorado lembrava, "Na semana passada eu impus a lei: nunca mais aquelas sobremesas de chá dançante." Atemorizada pelo ultimato, a mulherzinha servia a marca anunciada, que era leve, mas rica e saborosa, evitando o divórcio ou a violência doméstica. E também havia a infeliz Mary Jones, aquela dona de casa robotizada que aparecia entrando e saindo da cozinha em cômicos e rápidos movimentos e, mesmo assim, decepcionando o marido bobalhão com a enfadonha comida de sempre. Mas bastava ela servir o Chef Boy-ar-dee Goulash para que nele despertasse o romantismo e se excitasse a sexualidade. Em breve, os dois estavam de rostinho colado numa tempestuosa dança húngara. O que acontecia depois ficava por conta da imaginação do espectador, mas certamente não era a Whip 'n Chill.

Outra maravilha era estrelada por Fred MacMurray, o sinistro vilão de *film noir* transformado em viúvo emasculado em "Meus três filhos" para a televisão. Num filme da Chevrolet, ele topava com uma tola dona de casa que não conseguia achar a porta traseira da sua perua Chevy. Em contraste com a burrice da mulher, MacMurray enumerava uma lista de características do produto, inclusive a maciez do veículo. A moça, sempre confusa – porque era mulher e, portanto, incapaz de compreender conceitos técnicos, como dirigir – confirmava a tese dele com a sua experiência: "Eu nunca sei quando passo por cima das ferramentas de jardim!"

Essas vinhetas arrogantes empenhavam-se, inegavelmente, em colocar a mulher em papéis domésticos submissos ou pelo menos subservientes. E, se você as mostrar às mulheres de 2002, elas vão soltar fumaça pelas orelhas, como num desenho animado. Mas acaso há artefatos melhores de outra época e outro lugar? Não é que houvesse uma sinistra conspiração masculina de anúncios excessivos com o fito de subordinar a mulher na sociedade dominada pelos homens. A partir de certo

192   OS 10 MANDAMENTOS DA PROPAGANDA

momento da nossa história, todos esses comerciais passaram a ser resultado da pesquisa de mercado, que – bem ou mal – refletia as atitudes predominantes no público-alvo, particularmente entre as mulheres. Elas é que *se encarregavam* de cozinhar, pregar botões, lavar a louça, cuidar das crianças e andavam muito *preocupadas* com o seu desempenho nesses papéis. Era essa preocupação que se refletia na propaganda. O estereótipo pode ser notório – Fred MacMurray, que estava longe de ser a imagem de um intelectual – conversa com a moça burra como se ela tivesse seis anos de idade. E, sem dúvida, esses anúncios perpetuam semelhantes valores e atitudes. Mas não os inventaram. E a propaganda sobrevive para documentar onde é que nós estávamos e aonde conseguimos chegar.

Obviamente, o serviço prestado ao conhecimento é um benefício subsidiário. Não negligenciemos o principal: o pequeno detalhe de ter ajudado a movimentar trilhões de dólares em mercadorias. Eu passei um bom tempo, nos últimos nove capítulos, reclamando do quanto os publicitários podem ser negligentes e, ocasionalmente, hostis ao seu objetivo fundamental. Mas nem sempre. Antes de mais nada, a propaganda funciona. Mesmo a propaganda ruim funciona no papel rudimentar de reforçar um nome de marca e comunicar a pretensão de qualidade e substâncias conferidas pela mera existência da propaganda nacional. Além disso, muitos comerciais são simplesmente brilhantes, construindo marcas, cultivando mercados e criando riqueza que serve não só à economia deste país, mas do mundo inteiro. É incalculável o que Michael Jordan, o que o "Just Do It", fez pela Nike, o que o "Mo-naaaa" fez pelo Gillette Right Guard e (infelizmente) o que Mr. Whipple fez pelo papel higiênico Charming – o que equivale a dizer tanto enorme quanto impossível de quantificar.

Curiosamente, a própria incalculabilidade que certifica as vastas realizações da propaganda parece provocar as mais violentas críticas à indústria, que se posicionam em pólos opostos do *continuum* do desprezo.

Para aqueles que enxergam manipuladores psicológicos por trás de cada imagem fixa e de cada fotograma de filme e acreditam na ruidosa afirmação de George Lois, segundo a qual a propaganda é "gás venenoso", as realizações em vendas não são de modo algum uma condecoração. Eles assistem aos comerciais de televisão como a uma espécie de encantamento de Svengali, hipnotizando-nos para comprar, obedientemente, todo tipo de bens e serviços de que, na verdade, não precisamos.

IDE, MEU FILHO, FAZEI PROPAGANDA   193

Essa convicção é a província de muitos lunáticos paranóicos – daqueles que enxergam imagens de genitália embutidas em cubos de gelo –, mas também de alguns observadores inteligentes e argutos do mundo publicitário. Um deles é Leslie Savan, crítica de propaganda do *Village Voice*, que se atribui o papel de informar os leitores do que está por trás dos comerciais de televisão de modo que eles estejam mais bem preparados para repelir o poder sinistro dos filmes.

Para Savan, os comerciais não se limitam a nos manipular; fazem nada menos do que ameaçar a nossa humanidade. Na sua coletânea de 1994, *The Sponsored Life* [A vida patrocinada], ela cita a melancólica contemplação de William James da "libertação dos apegos materiais, a alma irrefreável" como ponto de partida da sua exploração da corrupção espiritual – i. é., o estratagema da propaganda para validar e perpetuar noções irrealistas de realização humana, exortando-nos a extrair significado das coisas, não das idéias. A conseqüência perturbadora é o que ela denomina "uma forma exclusivamente norte-americana de corrupção espiritual".

A presunção é a de que todo desvio da devoção ascética à vida interior é um compromisso inaceitável, toda indulgência material é essencialmente corrupta. Se você levar essa opinião às suas conclusões lógicas, aquecimento central é um suborno da alma e forno de microondas é puro hedonismo.

Ora, Savan não é nenhuma monja budista, nenhuma mulá do Talibã, e tampouco é uma lunática e, obviamente, não prescreve uma sociedade livre de mercadorias. De modo que ela há de entender que gostar de certas coisas materiais não é, necessariamente, sinônimo de adorá-las. O consumo – apesar da iconografia da tuberculose – não é, em si e por si, uma doença da alma. Nem o é a propaganda que parece estimulá-lo – pelo menos agora que Calvin Klein se acalmou um pouco.

O reverso do Svengali de trinta segundos é o argumento igualmente céptico, igualmente extremo, segundo o qual as dezenas de milhares de comerciais de televisão, entra ano, sai ano, não tiveram praticamente efeito algum. Essa visão é preconizada pelo meu amigo Randall Rothenberg em seu livro *Where the Suckers Moon* [Onde os otários sonham], que se deleita em atribuir a explosão de vendas da Nike e da Volkswagen, por exemplo, às condições econômicas e sociais vigentes – não à propaganda brilhante, clássica, da Wieden & Kennedy e de Doyle Dane. As cam-

194 OS 10 MANDAMENTOS DA PROPAGANDA

panhas eram ótimas, diz Randy, mas, sobretudo, não passavam de dois marqueteiros no lugar certo e na hora certa.

Caramba. Não se discute a eficácia fundamental da propaganda. A prova incontroversa está no fato de que, quando as campanhas publicitárias cessam, as vendas declinam. Ponto. Uma vez mais, deixando de lado as diferenças de qualidade entre as campanhas, a propaganda acrescenta uma aura de substância e fiabilidade às marcas nacionais e, por conseguinte, representa verdadeiramente alguns dos valores que exigimos dos produtos em que confiamos. O fato de o mecanismo por trás do processo ser mistificador não diminui em nada o fenômeno em si.

Este, naturalmente, é o efeito mínimo da propaganda. Quando tudo vai bem – "Cadê o bife?", por exemplo –, a marca pode transcender os elementos básicos do marketing da sua categoria e mergulhar de cabeça na psique nacional. Para não falar na abundância extraordinária.

No curso normal dos acontecimentos, o efeito da propaganda fica exatamente entre *The Hidden Persuaders* [Os persuasores ocultos] de Vance Packard e o cenário de irrelevância de Randy Rothenberg; influencia as nossas decisões de compra, mas não as dita de modo algum. Para cada descarga de gás venenoso "Cadê o bife?", há um bicarbonato benigno como o Alka-Seltzer, que fez campanha após deliciosa, memorável e hilariante campanha e, mesmo assim, perdeu participação no mercado.

Apesar dos pesares, como diz Martin Mayer, "O que a propaganda faz reverbera além das estatísticas". Como, por exemplo, financiar a televisão, o rádio, os jornais, as revistas e grande parte da Internet. Nesse sentido, Minow acertou na mosca, porém Marshall McLuhan errou um pouco. O meio não é a mensagem. O meio é *levado até você* pela mensagem.

Talvez, em algum nível rarefeito, solipsístico, teórico, o significado do sinal de televisão derive da própria presença do sinal de televisão, mas o verdadeiro impacto da televisão está nas particularidades. Uncle Miltie. As audiências Army-McCarthy. A crise dos mísseis cubanos. "Laugh-In." A ofensiva do Tet. Archie Bunker. A chegada do homem à Lua. A queda do Muro de Berlim. A morte da princesa Di. "Survivor." O colapso das Torres Gêmeas. Cada conjunto de imagens foi um divisor de águas, todos deixaram uma marca indelével na sociedade. E cada qual foi pago, direta ou indiretamente, pelo patrocinador. Por mais que se possa debater a era da propaganda, uma coisa é inegável: ela subscreveu a revolução.

O fogo. A roda. A imprensa. A máquina a vapor. Os antibióticos. O circuito integrado. A digitalização. A televisão figura na breve lista de inovações que alteraram a humanidade, essa nós devemos a Madge. Deveras, pode-se afirmar peremptoriamente que o sinal de televisão – tanto a programação quanto a propaganda – mudou o mundo de um modo bem específico ao minar o bloco comunista. A Cortina de Ferro podia prender as pessoas lá dentro, mas não tinha como impedir a entrada das novidades da sociedade de consumo. Quando, pelo rádio e a televisão, as pessoas no Leste se deram conta do que era anunciado e comprado no Ocidente, a fraude da retórica marxista finalmente se desnudou. Sem querer deixar de lado o impacto da "Guerra nas Estrelas" do presidente Reagan, que arruinou a economia planificada soviética, nem a bancarrota final do próprio comunismo, é sensato encarar o colapso do império soviético como uma simples dinâmica de vizinhança da aldeia global: briga de vizinhos em escala ampliada.

À parte isso, convém não esquecer, há os próprios comerciais. A história da propaganda televisiva não é, de modo algum, apenas o acúmulo de décadas de um trabalho insosso. Apesar de Madge, não é uma mera galeria de pilantras irritantes. Também é um panteão de triunfos.

Comecemos pelos não-comerciais, pois essa grande ameaça moral, essa Svengali sinistro, essa destruidora da floresta tropical, tem sido muitas vezes uma poderosa força de bem-estar social. Dentre as imagens definitivamente gravadas na consciência das massas, muitas são de anúncios de utilidade pública escritos, produzidos e doados ao bem comum. Entre eles: Smokey the Bear*, a imagem de ovo frito de "Your Brain on Drugs**" e Iron Eyes Cody, o índio que chorava a destruição do meio ambiente. E ainda houve o clássico dos anos 60, "Like father, like son" ["tal pai, tal filho"], que mostrava um garotinho encantador imitando os movimentos do pai. A última imagem era a deste acendendo um cigarro – entre os mais poderosos convites à epifania que já se filmou.

Em 1992, foi ao ar um anúncio de utilidade pública, para a New York Coalition for the Homeless [Coalizão nova-iorquina em prol dos

---

* Smokey the Bear era um urso, mascote da campanha de prevenção de incêndios nas florestas. (N. T.)

** Campanha contra o consumo de drogas que comparava estas com uma frigideira e os ovos fritos com o cérebro do usuário. (N. T.)

sem-teto], que mostrava uma simples montagem de moradores de rua, nos seus variados e precaríssimos hábitats, cantando "New York, New York". Mas era na simplicidade que residia o seu poder assombroso. No começo, a letra saía com uma ironia devastadora da boca da escória da sociedade. "I want to wake up in the city that doesn't sleep / be king of the hill, top of the heap*" – isso dito por um homem cuja maloca ficava num monturo. No entanto, à parte a ironia cruel, o que realmente ficava registrado era o fato de aqueles pobres-diabos, reduzidos à brutal indignidade de não ter onde morar, conseguirem cantar sem o menor esforço.

Depois de ver esse filme, talvez ainda seja possível ficar irritado com os sem-teto, temê-los, ressentir-se deles, mas é impossível sucumbir à tentação de lhes negar humanidade. É impossível esquecer que são pessoas de fato – que sabem a letra e a música dos grandes sucessos, exatamente como nós. É preciso julgar a propaganda também por tais milagres.

F. Scott Fitzgerald, o imortal economista e pilar moral, escreveu, "A contribuição da propaganda para a humanidade é exatamente igual a menos zero". Pena que ele morreu de tanto beber antes que a televisão tivesse chegado à maioridade.

Mas não foram somente Madge e Whipple que a indústria publicitária criou. Foi George Raft liderando uma revolta no refeitório da prisão, um jovem grumete tentando digerir a idéia de comer ostras cozidas ou "Mas que almôndega picante!" para o Alka-Seltzer. Foram Joe Isuzu e "Joey ligou", via AT&T, só para dizer que te amo. Foram "Eu queria ensinar o mundo a cantar em perfeita harmonia"; a Geração Pepsi; e "Você não queria também ser um Pepper?" Foram a "noz-de-incola" da 7UP e o homem que fala depressa demais para a Federal Express. Foi o jogador de futebol Mean Joe Greene com um sorriso e dando uma camisa a um garotinho, e foi um solitário tratorista indo para o trabalho num Fusca. Foi Bill Denby participando de um jogo de basquete apesar da prótese das pernas. Foi Arthur Godfrey resmungando, com a sua combinação exclusiva de sinceridade e irreverência, à procura dos pedaços de frango na sopa Lipton de macarrão com frango. Sim. Sem dúvida. É onde está o frango e é "Onde está o bife?"

Mas, por vasta que seja a terra devastada, o modo de compreendê-la e dela se beneficiar não consiste em examinar o seu vazio. O truque é

---

* "Quero despertar na cidade que nunca dorme / ser o rei da colina, o topo do monte."

garimpar os seus tesouros preciosos e às vezes ocultos. Limitar-se a dizer que a propaganda informa a nossa língua, a nossa cultura, a nossa economia e a nossa democracia é contornar a periferia. A verdade central é algo maior. No fim, temos de reconhecer que a propaganda – com tudo quanto criou – é uma das coisas que faz com que nós sejamos nós.

Portanto, se acaso você trabalha na indústria publicitária, seja no setor que for, e se acaso às vezes, ao escovar os dentes de manhã, se olha no espelho, chateado, porque o seu ganha-pão é vender, por exemplo, mais mil caminhões cheios de rolos de papel higiênico, e se você se sente um parasita ou uma decepção ou um traidor dos seus ideais, deixe disso. A sua profissão é perfeitamente honrada. Afinal de contas, você podia facilmente ser um parasita de verdade: um criminoso, ou um corretor de imóveis, ou um âncora do Fox News Channel.

No entanto, na minha convivência de vinte anos com a comunidade publicitária, muitas vezes eu fiquei admirado com o senso de autodesprezo institucional que a domina. Já devo ter dito isso antes. Chego a parar desconhecidos na rua para dizê-lo, porque isso explica muita coisa. Nos departamentos de criação, parece não haver uma só pessoa que não preferia estar pintando quadros ou dirigindo filmes ou fazendo *shows*, ou simplesmente trabalhando em qualquer coisa que não fosse vender papel higiênico, remédios sem prescrição ou sei lá o quê para clientes empresários dos quais ela não gosta e os quais não entende. E nós vimos, num capítulo anterior, que essa hostilidade gera uma tensão criativa que, vez por outra, revela um gênio, mas em geral simplesmente estorva o trabalho.

Isso é totalmente desnecessário, pois é claro que a propaganda tem um valor intrínseco próprio. E, embora não seja arte, decerto é uma forma de arte digna de compromisso e maestria. Por que combater a propaganda por aquilo que ela não é, se vale muito mais a pena abraçá-la por aquilo que só ela é?

Portanto, ide em frente, meu filho, fazei propaganda. Procurai o caminho verdadeiro e correto. Alimentai a aliança sagrada da arte com o comércio e plantai a fecunda semente da vossa imaginação nas profundezas do solo fértil da economia. Não tendes nada de que vos envergonhar. Como alguém já disse, *just do it*.

Mas, pelo amor de Deus, fazei-o à minha maneira.

POSFÁCIO

Essa história de fazer crítica publicitária não é idéia minha. Eu praticamente fui obrigado a entrar no ramo, porque Barbara Lippert, da nossa concorrente, estava nos deixando loucos com a sua maravilhosa coluna. Portanto, antes de tudo, obrigado, Barbara. Obrigado, em segundo lugar, aos editores da *Ad Age*: Fred Danzig e o meu querido amigo (e, às vezes, nêmesis enfurecida) Dennis Chase (júnior), que se encarregou de me obrigar. Em terceiro lugar, obrigado à editora-executiva Val Mackie, que me enfiou o sistema de estrelas da "Ad Review" goela abaixo como quem atocha milho no papo de um ganso.

Ninguém entra assim, sem mais nem menos, numa sala de redação e se instala no meio da elite do jornalismo empresarial. É preciso contar com o apoio de muitos colegas, a começar pelo meu amigo J. Taylor Buckley, que me recebeu, no meu primeiro dia no *USA Today*, seis semanas antes que o jornal estreasse em 1982, com a notícia de que eu ia escrever a coluna de propaganda. Na época, parecia uma idéia boba, mas Taylor é um visionário. Clay Felker, o lendário editor de revista, também é visionário. Eu lhe pedi conselho em 1985, antes de entrar na *Ad Age*, e ele me disse que eu estava louco. Tinha razão, mas eu aceitei o emprego assim mesmo.

Na *Ad Age*, trabalhei com uma série notável de editores: Fred, Dennis, Steve Yahn, David Klein e o meu camarada Scott "Scott" Donaton, todos eles generosíssimos no seu apoio à "Ad Review". Esse apoio deriva, naturalmente, da filosofia editorial do fundador da *Ad Age*, G. D. Crain (júnior), segundo a qual o jornalismo orienta os negócios, não vice-versa. O seu legado sobrevive em seus filhos, Keith e Rance, que dirigem a empresa com uma devoção quase fanática à independência editorial. Rance me contratou em 1985 e, embora concorde comigo só 38,4% do tempo (porque erra 61,6% do tempo), nunca exerceu um grama de pressão sobre mim nem alterou uma vírgula do meu texto. Nem ninguém que trabalha para ele. O que explica os erros de ortografia e de fatos.

Ora! É brincadeira! Eu sempre contei com a ajuda incomensurável dos editores-executivos Rick Gordon, Val Mackie, Melanie Rigney, Larry Edwards e especialmente de Judann Pollack, que assim me faz trabalhar. Quem me salvou a pele mais vezes do que sou capaz de contar foram os preparadores Dan Lippe, Julie Johnson, Mike Ryan, Rich Skews, Julie Steenhuysen, Deborah Aho, Char Kosek, Gregg Runburg, Kim Narisetti, Ken Wheaton, Elaine Rocchi e Sheila Dougherty. Em vários domínios e em incontáveis ocasiões, eu fui auxiliado pelos chefões atuais e antigos da *Ad Age*, Larry Doherty, Bob Goldsborough, Joe Cappo, Anthony Vagnoni e John Wolfe, o meu bom amigo e insuportável incômodo. Quanto a Elizabeth Sturdivant e Shannon O'Boyle (que foi particularmente incansável na pesquisa de exemplos para este livro), as duas sabem que eu não funciono sem elas.

Uma palavrinha sobre o Lado do Mal: por questão de sobrevivência, faz tempo que decidi não me misturar com o pessoal da indústria que eu critico. Mas, obviamente, sou obrigado a manter contato regular com as agências de propaganda que criam o trabalho que me cabe examinar. Os intermediários são os executivos de relações públicas das agências, que, como grupo, são os seres humanos mais colaboradores, responsivos e assombrosamente agradáveis do mundo. Não posso citá-los todos, mas a todos dirijo o meu agradecimento sincero pelos anos de consideração. Obrigado especialmente a Judy Torello, Wally Petersen, Susan Irwin, Brad Lynch, Pat Sloan, Mary Churchill, Philippe Krakowsky, Jeremy Miller, Roy Elvove, Cheri Carpenter, Owen Dougherty, Michael Draznin, Liz Hartge, Amy Hoffar, Diane Iovenitti, Toni Lee, Jay Leipzig, Vonda LePage, Toni Maloney, Dorothy Marcus, Melanie Mitchem, Janet Northen, Elizabeth Reilly, Tom Robbins, Kathleen Ruane, Stacy Rubis, Nora Slattery, Jan Sneed, Lisa Wells e ao querido Lou Tripodi (júnior). Sem o seu esforço jovial – muitas vezes diante de certas catástrofes empresariais –, o meu trabalho seria impossível.

Do mesmo modo, quero expressar a minha gratidão infinita a uma lista de repórteres da *Advertising Age*, também numerosos demais para serem mencionados, que têm sido heroicamente cooperativos nesses anos todos, ao mesmo tempo em que ouvem a maior parte dos insultos das fontes enraivecidas muito covardes para me xingar pessoalmente. É um privilégio trabalhar com eles.

Este livro nunca teria sido possível sem a persistência da agente literária Cynthia Manson e o apoio de Jill Manee, a editora da *Ad Age*. A editora do meu livro, Danielle Egan-Miller, demonstrou um bom senso infalível, muito rigor intelectual e um impressionante bom humor ao lidar com o seu chatíssimo autor. A minha extraordinária e inspiradora esposa, Milena Trobozic, não só insistiu para que eu empreendesse este projeto como corrigiu o seu conteúdo e se dispôs a fazer muito trabalho degradante e humilde enquanto eu usava este livro como desculpa para fugir de certas responsabilidades conjugais, como cuidar das crianças. E tomar banho.

O meu agradecimento especial ao ex-vice-presidente Al Gore por ter inventado a Internet, sem a qual este volume nunca teria visto a luz do dia.